U0110034

珍妮佛 著

迎向明天

珍妮佛心靈諮詢個案分享(二)
占星・塔羅・*Aura-Soma*

以真實占星・塔羅・Aura-Soma身心靈諮詢個案分享,幫助你以心靈成長、心識轉化的觀點,內省咋日、迎向明天,活出生命的光與愛。

珍妮佛自序
再出書，更樂耶！

　　「珍妮佛出書了！」是最近珍妮佛與親朋好友、學生、占星同修、諮詢個案及電子報讀友們分享的喜事，回想兩年前開始在電腦鍵盤上敲敲打打讓文字顯現在電子報時，心中的想望是有朝一日若能出書，那該多好！兩年的日課，造就出今天出書的美好果實，產出的過程恰似偉特塔羅錢幣八的工匠打造金幣、克勞力塔羅錢幣八的果樹開花、奧修禪卡彩虹八的平凡美好、古埃及神圖塔羅的錢幣八的經營效率，印證的星圖能量是水海三合的創作產出於行運木星天蠍三合太陽巨蟹的收成期、出版於行運木星人馬時。

　　出書是所有文字工作者的夢想，文字串聯出寫作者心智與情感的景象，文字也述說著寫作者內在智慧與洞見的投射。兩年前撰寫電子報的珍妮佛，心中雖想望著出書的夢想，卻也明白時候未到，一來文字不夠純熟、內容不盡豐富、心靈見識尚未沉澱；兩年後，珍妮佛知道出書時候到了！電子報海內外（台灣與大陸魅力站）訂閱戶達15,000人次、諮詢個案們詢問何時出書的聲音此起彼落，e-mail信箱中常有讀者來信真誠感謝這一切的分享，不同的動能催促著珍妮佛—醜媳婦見公婆的時候到啦！不須在乎出書之後是否暢銷，就當出書恰似塔羅「愚人」般的實驗與冒險，樂觀的往出版道路上邁進吧！

　　珍妮佛在這次的出版過程中，最要感謝的是國立台灣藝術大學書畫藝術系講師王蓮曄，特別為本書的封面及插頁揮筆創作、秀威資訊編輯群的細心與耐心、占星學員義務校稿的愛，及師大美研所畢的李悅寧老師提供她在財團法人精神健康基金會教導的「繪畫療癒」課程的學員心靈彩繪畫作，增添了本書藝術與心靈之美的風采，更感謝光的課程作者與傳遞者Antoinette Moltzan安東尼‧莫珍女士提供特稿一篇，帶來光與愛的訊息。

　　第一本的《明天會更好－珍妮佛心靈諮詢個案分享(一)》是珍妮佛中年轉型的紀念作，也是生命迎向神秘學心靈作家頭銜的處女作，乍看之下有些像勵志書，其實，珍妮佛的用意是要提醒讀者－只要經過轉化與提升後的心靈，明天會更好必然是上天賜予的恩典。兩年來參與無數諮詢當事人真實人生故事的珍妮佛，在痛苦的、徬徨的、恐懼的、憤怒的、怨懟的、貧窮的、酸楚的、無奈的、悔憾的當事人身上，看到了個人星圖裡能量的真實演出，讀出了塔羅牌陣裡隱含的戲碼、明白了Aura-Soma顏色語言的奧義，愈發深刻的領悟，在這個世界上只要身而為人，生命中唯一要處理的個體是自己，不論過往如何，只要自己懂得往明心見性的心靈道途成長，老天必將賜予個人去演出星圖裡相對高階的動能，跳出生命不成長的宿命，活出心識轉化與心靈成長的「知命」與「造命」人生。

　　生命有趣的地方在於宇宙提供給每一個生命無限的創造動能，只要懂得打開它與使用它，生活必然過得豐盛又繽紛，也能在物質面與精神面上達到平衡的融合。對44歲之前的珍妮佛來

說，成為一個心靈作家、一個有個人著作物的作家，這檔事絕對是八竿子打不著，怎會與我有關呢？然而，在歷經了兩年日課似的寫作與發表電子報過程中，珍妮佛學習到世間沒有不可能的事，只有不去做的事。當非作家的珍妮佛，隨意揀選了幾篇文章mail給出版社，出版社以超效率的慧眼識文采，允諾出書並上市各大書店流通，出書的願景實現來得既幸運又快速，讓珍妮佛再次承領到神恩之愛的美好。

第二本的《迎向明天　珍妮佛心靈諮詢個案分享(二)》是珍妮佛分享只要秉持明天會更好的信念，迎向每一個太陽升起的明天，必然是個充滿希望與愛的明天。在光中靜坐祈求上師打開機緣的珍妮佛，珍妮佛相信光的上師絕對會成全一本以心靈成長為指引、以占星‧塔羅‧Aura-Soma‧光的思維為內容的好書，讓它在出版品市場上流通，讓台灣的讀者們能看到一本不同於普羅娛樂算命的新心靈好書，品味受過紮實專業神秘學知識訓練的珍妮佛對命與運的另類解讀與真實諮詢案例分享，因而有機會打開自己進入心靈成長的豐盛人生。

親愛的，如果你在看完它之後，喜歡它，請支持它，買本送給你關心的伊吧！如果你對珍妮佛的心露諮詢有興趣或對珍妮佛學苑的課程有興趣，歡迎你來信 cwc.jkwang@msa.hinet.net 主旨註明：《預約諮詢》或《你感興趣的課程》，珍妮佛會盡快與你連絡。謝謝！

珍妮佛

目次 *Contentes*

珍妮佛自序 / 3

第一篇 占星思維 / 11

天道人慾 / 13

生命的煉金士 / 15

敬天順地 / 17

時不我與嗎？ / 19

迷惘 / 22

苦澀 / 24

家 / 26

父母的故事 / 28

貴人或敵人 / 31

命與運 / 33

美麗的山 / 35

中年大轉彎 / 37

迷情 / 40

我心已碎！ / 42

相愛容易相處難 / 44

黑夜 / 46

第二篇　占星諮詢分享　/ 49

　　情傷　/ 51

　　外遇？　/ 53

　　徘徊失婚的女人　/ 55

　　救贖的愛　/ 57

　　依附的愛　/ 59

　　放不下的愛　/ 61

　　中年騷動　/ 63

　　遇上了不倫情愛嗎？　/ 65

　　命運計時器　/ 68

　　沉睡的才華　/ 70

　　還要再深造嗎？　/ 72

　　靈性考驗　/ 74

　　此生最終的學習　/ 77

第三篇　塔羅諮詢分享　/ 81

　　為分手來諮詢的女人　/ 83

　　為愛來占卜的男孩　/ 85

　　馬拉松競賽　/ 87

　　塔羅牌看愛人的樣兒　/ 89

　　十個錢幣掉下來　/ 91

　　塔羅體驗─豐盛　/ 93

　　自我解放　/ 95

第四篇　Aura-Soma諮詢分享　/ 97

Aura-Soma簡介　/ 101

Aura-Soma與她的故事　/ 104

成熟女人私密話　/ 107

喜悅就在門後面　/ 110

踏上教學路程　/ 113

小心翼翼的愛　/ 116

自我療癒　/ 119

情緒的溫柔天使　/ 122

愛情初始的試探　/ 125

第五篇　珍妮佛身心靈諮詢服務　/ 129

珍妮佛《占星諮詢》　/ 131

進階占星諮詢　/ 133

愛情（事業）合盤諮詢　/ 135

多層次立體的你　/ 137

尋找生命圖像　/ 139

情難捨　/ 141

珍妮佛《塔羅問事諮詢》　/ 143

珍妮佛《Aura-Soma身心靈諮詢》　/ 145

靈魂自會催促你　/ 147

諮詢信念　/ 150

Contentes

第六篇　珍妮佛學苑課程動態 ∕ 153

　　《珍妮佛占星班》 ∕ 155

　　邁向占星大道 ∕ 158

　　參悟生命智慧工程 ∕ 160

　　超越幻象 ∕ 163

　　看見自己 ∕ 166

　　慢下來，回家吧！ ∕ 168

　　全腦開發‧迎接21世紀文 ∕ 171

　　王中和 ∕ 171

　　王中和老師《易經與心靈成長班》 ∕ 175

　　珍妮佛學苑塔羅系列課程 ∕ 178

　　體驗古埃及神圖塔羅魅力 ∕ 179

　　易經與塔羅牌的共同源頭 ∕ 183

　　Antoinette Moltzan ∕ 186

　　安東尼‧莫珍 ∕ 194

　　光的世界 ∕ 200

　　光的課程 ∕ 203

　　《歐林開啟光體》課程簡介 ∕ 206

　　李悅寧文 ∕ 213

　　喚醒內在的藝術家（上） ∕ 216

　　喚醒內在的藝術家（下） ∕ 219

　　蕭人輔老師《美夢成真工作坊》 ∕ 223

第一篇

占星思維

王蓮瞱心靈畫作一樓

天道人慾

操之在己

93年秋～94年夏，一整年的時間珍妮佛與王中和老師學習易經，從繫辭上傳到易經上卦雷天大過，淺淺的涉獵一次。每次上課，都會有一種前人智慧浩瀚遠大，真要通透易經裡所蘊藏的生活智慧，要下功夫呀！它以占星學截然不同的東方語言，言簡意賅的訴說宇宙真理。

或許是接受過這短暫一年的易理薰習，再加上個人四年來對占星知識的研習與運用，在占星諮詢的個案中，珍妮佛明白天道以不言的方式運作著人事，而人慾卻常以明知故犯的沉淪來跳進天道設下的人生陷阱。以西方占星學的語言來說，身處人生困難處境的人之所以會身陷痛苦，有絕大部份是自己造成的；以東方的易經語言來說，天作孽猶可違，自作孽不可活。

占星諮詢的過程裡，珍妮佛常要花很多的時間，反覆的開導執迷不悟的當事人，回歸到天道才是生命坦然之道，背離天道的下場註定是人間煉獄一場。明明在星圖裡已看到了超級警訊，為什麼要跳進去呢？諷刺與可悲的是，有些當事人來諮詢的動機，竟有著偷窺命運、想從背離天道的行為裡找出順人慾的奇蹟訊息。當他（她）問珍妮佛：「我可以順利的離婚嗎？我與外遇對象可以有下一步嗎？」「這個男人（女人）為什麼可以說來就

來，說走就走呢？我不甘心！難道我們真的沒有緣份嗎？若無緣又怎會在一起呢？」弔詭的是拋出這些問題的當事人，心裡擺明了珍妮佛從星圖裡看到的訊息，都不是他（她）想聽的內容。珍妮佛看到了天道被人慾踐踏，人慾是人間煉獄的超級魔鬼。

當珍妮佛占星諮詢個案樺來信說：「麻煩您了！這麼用心幫我的朋友解釋及開導她，在旁聽的過程中，也讓我更進一步了解宇宙的浩瀚與不可解釋的力量。使我更覺得自己的渺小，更應反省自己並尊重他人是獨立的個體，也比較清楚『真愛』是涵蓋智慧、包容、圓融及祝福與放下。雖然知道這條路崎嶇不好走，但透過占星諮詢了解老天爺的天意與禮物，好好的觀照自我、修煉自己、節制慾望，縱然荊棘遍野，藉由了解星盤心靈地圖與行運行星能量的演出，一定會感受到老天爺在沿途也預備好的路燈，隨時準備讓我們使用，但最感動的是你不藏私的分享你的心路歷程，這是一般諮詢師做不到的，也是我個人認為在幫助跨越他人人生艱難時，很大的一種支持與鼓舞的力量，謝謝！」珍妮佛欣慰著旁聽的樺，完全融入，體會他山之石可以攻錯的道理。

珍妮佛明白心靈諮詢的助人工作，是不能有個人的道德傲慢，也不能有占星知識的潔癖，忠於當事人星圖裡的訊息，傳達出來後，至於當事人要不要聽、接不接納，完全是造化在個人囉！以占星諮詢為業的珍妮佛，沒有罵當事人的權利，只能反覆的說明及提醒星圖陷阱是什麼？至於當事人是要臣服天道的回歸正常，還是要讓靈魂沉淪的被人慾主導，一切是當事人自己的選擇囉！

生命的煉金士

活出生活智慧於人生際遇

　　古代的煉金士意圖將化學物質在熊熊烈火中提煉成值錢的黃金，終其一生至死無憾大有人在。拜科技之賜，現在的我們知道黃金是天然的礦藏，非煉金術能提煉出來的物質。遙想那中古世紀的煉金士，在煉金時眼中閃爍的光芒與希望，面對煉金不成的懊惱與悔恨是一個怎樣複雜的心情呢？光芒與希望是支撐煉金士以青春歲月投入於煉金夢想的動力，懊惱與悔恨是讓煉金士大夢初醒時回歸現實的代價。

　　當珍妮佛占星諮詢過的個案，e-mail來告知她的近況。看著她的來信，珍妮佛很心疼於現實生活的她，演出了星圖能量上的錐心之痛，亦活出了星圖能量的堅強生命力。當事人的靈性覺醒於生命的巨痛，亦痛苦於以生命舔舐傷口的了然。珍妮佛想起了神讓我們自己像個煉金士一樣的打造生命的品質，雖然我們不盡然知道明天會如何，但是我們以希望與光芒支撐著自己迎向明天，明天過後即便是悔恨與懊惱，我們亦學會了在悔恨與懊惱中回歸現實與調整方向。

　　親愛的，不管現在的你是多麼得意於眼前的成就—愛情、事業、收入、名聲、婚姻，或此刻的你多痛苦於生命中巨大的浪潮—被劈腿、被急速冷凍、錢見不著影、掙扎於離婚邊緣，成就與

傷痛都只是生命的過程，明天過後，成就也許是過眼雲煙的黃粱一夢，傷痛成了靈魂滋養與成長的禮物。生命主宰賜予的大智慧於個人生命史的轉變，那裡是凡夫俗子的我們可以看透的呢？宏觀的國家興衰於歷史潮流裡，不也如此嗎？

　　得意於生活時一定要感恩與惜福，感恩於周遭每一個與你有關係的人，惜福於老天賜予的恩澤與幸運，爾後即使行背運，依然有人願意伸出援手雪中送炭；反之，驕傲跋扈於專斷弄權、心胸狹隘於兔死狗烹、自私短視於過河拆橋，無疑的必是斬斷了日後所有可能的貴人。失意於當下的你，無需哀嘆造化弄人、時運不濟，你怎知若干年後回顧這一段，它不是生命史上最有意義與最具智慧啟發的一段呢？只要懂得靜心下來，覺察內心真正的渴求，依著心靈圖像去打造未來，黎明就在不遠處，雖然那是你親自以錐心之痛打造出來的未來。

　　親愛的，你我都是自己生命旅程的煉金士，每個人的手藝不盡相同，在煉金過程中體會出來的生活智慧亦不同，但你我相同的都在追求幸福圓滿的人生，回首過往、展望未來，想想該怎麼樣在人生際遇中打造一個璀璨的明天吧！

敬天順地

知命

　　易經繫辭上傳：「天尊地卑，乾坤定矣。卑高以陳，貴賤位矣。動靜有常，剛柔斷矣。方以類聚，物以群分，吉凶生矣。在天成象，在地成形，變化見矣。」這段話，點出了宇宙創始萬物，天在上為尊，地在下為卑；天地間萬物由高等到低等，雜然並存，貴賤自現；宇宙的運行，在靜與動中有一定的常態，宇宙萬物間同類聚合，物種分明；天象上有日月星辰、晝夜、季節等自然現象，地面上有山川、河流、動植物等各式生命，各自有著錯綜複雜的生命變化。

　　人為宇宙萬物之一，生存於天地之間，呼吸之間盡是天地自然之氣，飲食之間盡為天地化育之物。宇宙的存在，有祂偉大的奧妙之處，上至天文、下至地理，大自然一切的運作與法則，千百萬年來在消與長間生滅而不亂，人生存於宇宙間不也如此嗎？以微觀的宇宙生命來看，人的一生就是個小宇宙的運行，緣起緣滅於地球間自有一定的法則。

　　人生存於天地間，構成了天、人、地中的一環，因此，人與天之間、人與地之間的對應關係，其運作的法則與秩序由天來管理。每一個人，各自承載了一個不一樣的地運，肩負一個不一樣的天命。易經中提及的貴賤，字意上指的是卦象爻位的好與壞，

更深一層的解析為天地間萬事萬物，本有貴賤之分、好壞之別。易經中提及的卦爻的陰陽變化，放諸於人生的旅程，不也是暗與明、起與落、盈與虛、生與死間的變化嗎？

你我看不見的造物主宰，透過了陰（母親）與陽（父親）的交媾，衍生了男人與女人的生命。你我的存在，除了承載著父親與母親的基因，更傳承著一個你我所不知道的靈魂課題。基因傳承與靈魂課題的管理者，是那個我們看不見但卻知道其必然存在的造物主，若問造物主管理地球子民的工具是什麼呢？是一個什麼樣的生命導航系統在指揮著地球上近六十億人口的命與運呢？天、地、人之間的對待關係又是怎樣運轉呢？

大哉問也！研習占星有得的珍妮佛，在易經的研習中體悟易經言「在天成象，在地成形，變化見矣」與個人星圖的關聯性，也就是說，你我出生的那一剎那，當地天象的日月星辰諸星曜，其座落配置所形成的態樣，與地球上個人生命歷程間，因行進間星曜的運轉所引動的相位能量，對你我的人生際遇影響，已然揭曉於你我出生的生命星圖中。這一張個人出生星圖，就是造物主用來管理地球芸芸眾生的工具，也就是你我承載於地球修道院的「生命密碼」。

你我這一生經歷的貴與賤、好與壞的命運變化，是天、人、地中的人，必須敬天順地的功課，也是靈魂選擇的課題之修習。親愛的，生命密碼的了解與親近何其重要啊！人焉能不知命而混沌的過日子呢？命理於生活中的奧妙與智慧處，不僅是算命式的趨吉避凶，更是知命的敬天順地之體悟喔！

時不我與嗎？

沉潛養時以待用吧！

親愛的，生命恰似交響樂的旋律，有波濤洶湧的澎湃激昂，有低吟輕奏的緩緩小曲，有晦澀難明的千纏百繞，甜美豐碩或苦澀貧乏，都是生命行進不可避免的生命之歌。對應占星學理，正是天體行運諸星啟動了本命星圖上星曜的行運相位效應，由剝而復的周而復始，讓當事人在起落之間，品嚐命運百般滋味。

當珍妮佛諮詢室的個案們，帶著一張惶恐焦切的心，問各種擔憂的現況將如何？如果做了什麼選擇又將如何？是不是會好一些？而偏偏當下及近期未來的行運運勢又不怎麼樣，甚至一年不如一年時，唉！該怎麼說才能讓當事人明白，眼前的一切及近幾年的生命情境，其實都只是生命行運的過程啊！就算害怕、擔憂、恐懼、苦惱，該來的命運低谷或嚴苛考驗，背運並不會因此而消失呀！重要的是如何去面對它、接納它，從中明白天意安排命運低谷的意義是什麼？背後隱藏的禮物又是什麼？才有受苦的價值呀！

「時不我與」是世人對時運不濟的感慨，當「時不我與」非關自己時，多半能夠客觀的勸慰他人：「暫且沉潛吧！等待運勢好轉後再作為也不遲呀！」但當「時不我與」套在自身時，卻難以看清真象的抗拒著，總以為戲法人人會變，方案A不通，換個

方案B總可以吧！卻不知無論方案A或方案B的結果都將是行運死胡同的困獸之鬥，充其量只不過是換個受苦的方式來演出罷了！

　　來找珍妮佛諮詢工作、情感、錢財的個案，大多是些時運不濟的現實倒楣者，每每攤開星圖，天意不仁的正以重要的行運相位在當事人的星圖上啟動刑或衝的相位，若非行運木星帶來的樂觀妄為所引發的耗損，就是行運天王星帶來的妄為躁進所帶來的動盪不安，要不然就是行運土星帶來的外來限制綑綁所牽制的重重枷鎖、海王星帶來的蠱惑迷惘所引發的沉淪難解、冥王星帶來的絕對摧毀所引發的金錢或情感糾結。可悲的是這些重要的外行星相位，在當事人星圖上啟動的行運期間，是以一兩年到兩三年、非短時間可快速轉換的生命背運來演出。

　　至於那些盛運正旺的人，生命正是諸事順遂、一切春風，當然不會閒閒沒事的來與珍妮佛諮詢，問問看盛運還有多久？何時該見好就收？或是否該給自己建立個日後背運的避風港呢？對應兩極的命運旋律，珍妮佛覺得人性有趣而弔詭極了！倒楣時才找人諮詢，除了聽諮詢師解析些行運現況何以如此的命運邏輯，有多少人能真正的理解生命之光原來是在自我的創造中呢？

　　面對這些「時不我與」的諮詢個案們，珍妮佛只能奉上「沉潛養時以待用」來勉勵，讓當事人明白，只有願意接納現況的限制與束縛，在低調中臣服於命運，以最不影響生計與看淡眼前的豁達來鴨子滑水渡小年，作為中少一些激進冒險、多一些培育實力，心情上多一份淡泊、少一份貪欲，才能在轉換運勢時，由剝

而復的重現陽光囉！因為占星學理的生命之歌，正是刑衝剋相離開後，三合吉相或六分吉相再次到來，啟動生命風景換成順風飄揚的好時運，好運必會加倍的賜福給先前懂得沉潛養時以待用的有心人呀！而好運對先前沒準備的沮喪、怠惰、失意者，帶來的彰顯力道終究有限呀！

　　親愛的，如果現在的你，略感生命困難悄然來到，或生命已入困境中，雖說來與珍妮佛諮詢時，你可能也會聽到「沉潛養時以待用」的安慰與鼓勵，但能夠客觀與抽離的透過星圖—靈魂來到地球的生命劇本，與自己來個命運對話的理解，看看宇宙造物主的神聖計劃是怎樣安排的，是不是比茫然不知的演出在沉陷困境中的困獸掙扎，來得正面些呢？透過星圖找出你可以去開發的事業潛能、才藝運作、情愛關係的本質，是不是相對的活得清明些呢？

　　親愛的，知命方能造命，在造命中開創幸福與美滿、活出平安與豐盛，正是你創造了你生活的實相之最佳演出。

迷惘

走出混沌

　　當生活處於混亂不清時，當下的你我莫不迷惘。迷失於方向、惘然於情緒上的感受，猶如航海中的船隻失去了導航系統的指引，在波濤洶湧的惡浪下危險前進，隨時有撞上暗礁而滅頂的潛伏危險。

　　珍妮佛占星、塔羅、Aura-Soma諮詢個案中，看到也參與了諸多當事人的迷惘。絕大多數的迷惘不脫生活上的情愛與工作及事業困惑，少數為在金錢泥沼裡一堆爛債的無力清償者，偶爾也會有輪迴靈魂果報帶來的今生業力課題。針對這些迷惘中的當事人，透過個人星圖的解析，珍妮佛儘可能的讓當事人明白，怎麼收穫怎麼栽的道理，也讓當事人了解天意是不可擋的奧秘，及神在奧秘中教導的極簡生活道理。

　　怎麼收穫怎麼栽，是一種當事人自身性格對命運參與之演出結果；天意不可擋的奧秘，是當事人不能阻擋與抵抗的生命原型課題。當情傷的女性當事人星圖上，有著強烈的天蠍剋相，掌管情慾的火星與掌管愛戀的金星合相在天蠍剋相太陽寶瓶、獅子或金牛者，會讓當事人對愛有著強烈的執著與操控的激情。落入寶瓶座的太陽會讓當事人在外表上帶點冷調的叛逆與疏離；落入獅子座的太陽讓當事人外表上驕傲得要人臣服在她愛的魅力風華；

落入金牛座的太陽讓當事人更頑固的守住面子與咬住感官上的執著。先天的性格不協調，遇到了需要兩人在性格上高度互動的情感遊戲時，在雙人交纏的情愛關係中，想要擁有一愛即勝的美滿情愛關係，本就不易啊！偏偏老天爺常讓當事人在現實生活中愛上了致命天蠍、寶瓶、獅子、金牛愛人的機會卻高得很呢！

　　工作與事業上，有的當事人多年載沉載浮於職場，當外來的事件發生時，逼得當事人不得掛冠求去或黯然神傷的怨嘆時不我與。年過三十好幾了，猛然回首，發大願再出國深造或轉換跑道於需長時間投入鑽研的新領域，也不知何年何月才能如願以償的功成名就啊！金錢的受困者揹了一屁股債，怨嘆早知如此、悔不當初啊！

　　這些迷惘極了的當事人在諮詢過程中，眼眶裡的淚水總是不聽使喚的溢流滿面，一邊哭著一邊聽珍妮佛看圖說過往、推估未來。珍妮佛會鼓勵當事人要哭就哭吧！讓淚水洗去迷惘、讓哭泣減緩傷痛。之後，再告訴當事人過往的一切都有其意義，熱戀時的美好、職場經驗的歷練、金錢遊戲的打滾，不也都帶來生命成長的頓悟嗎？老天爺讓這些事情一一的發生於生活中，逼著你去面對生命中自我的迷惘，督促你在生命的迷惘中漸近清明，不也是一種無言的禮物嗎？至少你有機會打開禮物，揭開神意的啟示，比起那些即將迷惘或迷惘滅頂的人，幸運多了，不是嗎？

苦澀
成熟的動力

　　苦澀的滋味是什麼呢？珍妮佛想起了小時候淘氣的在石榴樹下強摘未熟的番石榴，一口咬下去好苦澀咧！對陷於苦澀際遇的成年人來說，明知眼前苦，仍要咬牙硬吞的躲不掉，苦澀味非局內人能瞭解，苦痛非當事人能明白。大自然有苦澀的果實，正因為果實尚未到達成熟的甜美，人生際遇何嘗不是呢？達到成功的甜美前，你我在過程中企盼著甜美的滋味，其實是充滿了生澀與苦澀的歷練。嚐過苦澀的人，方知甜美的甘與醇，一上口就甜美的東西，嚐不了多久就膩了，成人世界裡的飲啜咖啡，品嚐的不正是這種苦澀中的甜美口感嗎？

　　生活中情感的經營、金錢的投資、家庭與婚姻的經營、工作或事業的建構，都是一種從生澀到苦澀而後才能甜美的過程。剛結交的情緣，雖有好感但免不了彼此性格上的磨合，磨合中少不了生澀中的苦澀，待兩人陷入熱戀後的退燒期，又是激情燃盡後的愛情苦澀階段，能不能熬過苦澀期的權力拉距與情愛角力，考驗著苦澀轉換為成熟甜美的程度。金錢的投資，從躍躍欲試的投入資金到被套牢的煎熬苦等，到行情反轉後的回檔解套或獲利了結，心臟弱一點的或資金後繼無力的，恐怕是等不到行情反轉就得先嚐苦澀滋味了。家庭與婚姻生活裡，來自不同家庭的成員，

一個人一個性子，在同個屋簷下要能和平共處，非得經過一番辛苦的摸索才能在生澀中渡過苦澀的品嚐甜美呢！工作或事業上更是如此，初初上任的搞不清處狀況，待摸熟了的駕輕就熟，雖不生澀但肩上的責任愈來愈重的苦澀嘟！萬一遇上了產業景氣不佳或與老闆不對盤，那苦澀的苦與澀，難吞喔！

　　在苦澀中了悟出的心靈視野，正是未經歷苦澀的人所趕不上的成熟閱歷。看過許多當事人星圖的珍妮佛，在諮詢經驗中，印證了占星學理的星曜能量運作下的苦澀現象，確實殘酷的在現實人生中一一演出，差別是不同的當事人，因性格差異而有不同的感受外，更在於心靈視野看待苦澀的角度不同。涉世不深的當事人，對苦澀的承受度幾近於零，對感情的創傷、工作的不順、人際的衝突很容易處於毫無招架能力的崩潰狀態，但珍妮佛覺得這樣的崩潰正是歷經苦澀必經的成熟歷程。

　　個人星圖上木星與土星刑的人，生活中的處境會比一般人遭遇更多苦澀的現實際遇，在多次苦澀的經歷下容易養成悲觀的人生態度，或是索性拋開苦澀的以管它去的逃避責任來面對人生，這樣的人雖習於苦澀的滋味，卻也是最不適合讓自己涉入重大財務投資、管理或經商創業的人，免得在苦澀中耗盡資源的出大紕漏。就算個人星圖沒有木土刑的本命相位，行運的木星或土星都有機會讓我們在生命歷程中經驗木土刑的苦澀，所以，你我都有必要學會面對苦澀，在苦澀中吃苦與嚐澀，讓自己面對苦澀而能走過苦澀。

家
人之宅，心之宅

　　占星學對家的定義為黃道第四宮；星曜中以月亮為家庭的代表；星座中以巨蟹座最有家的味道；塔羅牌裡的地騎士、地后也都有鞏固家園的意涵。神秘學裡家始終不脫人類對土地扎根、對家人付出、對內心渴求的徵象。

　　你我的靈魂以我們不知的理由選擇了出生的父母，當誕生的那一刻，我們與出生家庭之一切實體空間及家人產生了生命的臍帶關係，當中以直接滋養、哺育我們的母親為最關鍵性的人。因此個人星圖上月亮落入的星座及相位吉凶，關鍵性的影響胎教至3歲階段的養育，而母親之於我們的影響也是終其一生擺脫不去的印記。當我們略為長大開始往外探索時，家附近公園裡的某個角落，可能是我們與玩伴建立秘密基地的領域，這時3宮的不可選擇的兄弟姐妹或鄰居玩伴，成了我們學習與溝通交流的對象。再長一些，我們對父母的家有了明確的印象，我們知道自己處在一個愛的家庭或愛恨交加並存的家，愛或愛恨糾纏塑造了日後我們愛人與愛家的能力。更長一些我們墜入愛河、渴望建立屬於自己的家，歡歡喜喜的尋覓新家。結了婚我們開始與配偶為家中大小事演出愛與權力糾葛的爭吵，有趣的是當小孩出生了，在愛與吵鬧中亦賦予了家新的意義與家族生命的延續。我們工作付出、投

入事業經營、與人金錢或權力衝突，無非希望讓家更好、家運更旺。當功成名就或功敗垂成時，我們與家人分享成就或退縮到家裡療傷，最終，我們尋求內心之家的寧靜與成長，自然的進入了9宮的哲理探討，甚至回歸到靈魂的家，讓靈魂安頓於12宮的靈性懷抱中。

　　黃道十二宮，可以每個宮位獨立來看，但當以家為主軸時，何嘗不是一個以家為基地的貫穿與循環，可見得家屋—實體的家、心屋—心靈的家，是人生命運之樞紐。家庭幸福的人就算事業失敗，依然可以一家人相濡以沫的再出發；但事業成就登峰造極，少了家庭的分享，成功的滋味何其孤高啊！珍妮佛小孩有時會心血來潮的說：「媽媽！五星級飯店是很棒啦！可是我還是喜歡我們家，尤其是我那間亂的不得了的房間耶！」原因無它，只因為在那個亂糟糟的窩裡，小孩得到了全然的安適與放鬆。偶爾，他也會耍賴的在媽咪的房間裡攪和。以心理分析來說，媽咪的房間對他來說是正是尋求與重溫潛意識裡襁褓階段的愛；跨進爸爸的書房則是他模仿當個男人的學習，穿梭其間，一家三口其樂融融！口角與爭執化解於一覺醒來的家。

　　親愛的，你的家，是不是也這樣呢？或許曾經也這樣吧！如果現在不是這樣，靜心的想想家裡失去與遺落的是什麼？用你的愛喚回來那曾經被愛擁抱的家吧！

父母的故事

諮詢的窗口

　　占星諮詢對談中，珍妮佛通常會問當事人父母的感情及相處情況如何？感覺自己與父親或母親的親子關係互動怎麼樣？曾經經歷過的感情模式是不是…？過去一年的主要經歷感受如何？這些與當事人有關的問題導引或狀況的描述，往往可以幫助珍妮佛更加確認當事人星圖能量上所顯現的狀況，對照珍妮佛依預約諮詢所撰寫的諮詢報告，有效的幫助諮詢個案找出星圖主軸、切入重點，讓當事人以客觀的態度來認識自己，了解生命原型的天賦禮物與此生靈魂將經歷的考驗風貌後，接下來再對行星週期所引動的行運起落的方向做說明，幫助當事人進入諮詢狀況的有效互動則相對容易多了。

　　也許有人會質疑「我都說了，何需諮詢？」這只不過是一種掩飾技倆嘛！其實，不然也。既然與珍妮佛預約諮詢，即是眼前的你，生活中有些重要的環節卡住了，面對的困惑與瓶頸也許是甩不開狗骨頭般的工作，但又不知下一步該如何？或感情來到了灰燼般的尾端、燒不下去了，期待生命的桃花快快開，納悶伊人還不來？股票慘套、斷頭殺出還不夠，親密愛人劈腿了，但又不能一走了之等等，各式現世煩惱或傷痛正纏著。每個人的問題不一樣，有的迫在眉睫，有的百無聊賴，有的意識與潛意識打起架

來，身心靈不協調的快抓狂了！面對這些對當事人來說關己又重要的生命歷程轉折，珍妮佛怎能不戰戰兢兢的double check呢？如果只是想聽何時發財、何時升官、何時桃花開這一類的好話，也許路邊攤測個字或卜個卦，聽些制式化的江湖話，不就滿足了叩問天意的好奇嗎？又何必慎重其事的與珍妮佛預約諮詢呢？

　　諮詢是當事人與珍妮佛在一個特定的時空中，共同的觀照一個存在於宇宙間獨特的生命歷程與原型，當然需要雙方戒慎與用心來釐清一當事人星圖上關鍵性的父性與母性能量，了解家庭動力之於當事人的性格養成。性格決定了當事人生命的核心，影響了當事人面對行運所參與演出的行為與反應。因此，每一個諮詢個案父母親的感情、家庭的故事、家人現在相處的品質，對命運起伏的推估都是一個重要的參考指標。諮詢個案中，有的當事人看完珍妮佛撰寫的諮詢報告，頻頻點頭，覺得描述狀況近九成的貼近事實，通常這樣的當事人非常清楚從小到大父母與家庭的故事；反之，有的當事人聽完諮詢報告後，有些地方不甚明白，也不太能體會出珍妮佛語意中的意涵，經過反覆切入後，珍妮佛發現這樣的當事人也許是不太願意面對曾經經歷過的家庭傷痛，或真的不甚清楚出生時父母親當年的心境與故事，再不然就是太年輕，一時體會不出諮詢報告的語意重點。

　　胎教與童年的家庭環境對你我的性格養成，有著重要而長遠的影響。西方心理學家、精神治療師或催眠治療師，面對個案時所慣常使用的童年回溯記憶，就是嘗試著找出造成當事人當前困境或問題的關鍵因素，到底是童年的那一種情緒受到了創傷，試

著以童年創傷治療的修復與療癒，幫助當事人重建自我，解決當年的困難或問題。研習占星期間，王中和老師不斷的強調父性與母性能量之於個人星圖的重要性，當時雖能體會其中關聯，爾後涉獵諸多大眾心理學的相關書籍，在閱讀中漸近的發現書上所描述的，對照於占星學上所強調的父性與母性能量及家庭動力，殊途同歸也。

　　親愛的！如有機會與珍妮佛面對面諮詢時，請你用心的參與這一段父母的故事之回溯，也請用心的回憶你童年的感受，這些訊息關切著未來的你之行運演出，對你來說，這就是透過諮詢了解自己並推估未來的意義囉！

貴人或敵人

陰與陽的對立與融合

　　占星諮詢時，大多數的個案當事人喜歡聽到：「喔！你的貴人很多，你可以享有意想不到的幸運與機會。」但如果珍妮佛說：「你會比一般人遇到較多的敵人，這些人帶給你的刁難與考驗將特別多」同樣是生命中遇到的導師，但人性的反應卻讓當事人陷入了意識的歡迎或抗拒。

　　占星學理上，個人星圖上木星代表機會與資源的擴張，土星代表挑戰與限制，第七宮代表你所選擇的伴侶，可以是伴你入睡的枕邊人，也可以是與你密切合作事業的合夥人。觀看星圖的經驗，屢屢讓珍妮佛對貴人與敵人，木星與土星，這兩個看似涇渭分明的助力與阻力，覺得相對中有著相容、差異中有著相似之處。

　　什麼是生命中的貴人呢？是那個給你機會、拉你一把，還是那個拓展你生命視野的人呢？那個你深惡痛絕、想到他（她）就湧起無數新仇舊恨的人，是敵人嗎？占星學裡個人星圖黃道十二宮的設計，乍看之下不過是用來解析生命中十二個不同面向的切割，但仔細的品味及個案諮詢經驗的累積，更讓珍妮佛體會出，每一個宮位的設計涵蓋了人生的哲理與天道的對應，你中有我，我中有你即是每一個宮位的互攝互生之奧妙。第七宮相對於第

一宮，表淺的意義為與他人合作&自我，再進一步的意義為貴人（敵人）&自我；木星帶動機會，但也會讓當事人過度樂觀而怠惰，土星叫人受挫，但也讓當事人在受挫中學會經驗。兩股對立的能量，在生命的轉盤上，在差異中演化出與原來對立但卻一樣受用的能量。

生命的歷程裡，你我都需要有個貴人般的導師，也許是師長、上司、父母、愛人、伴侶，依著貴人的協助，幫助我們獲得成功，適時的為我們提出忠告，為我們尋找出發展的機會，對你來說，他（她）就是木星；同樣的，我們也都要有敵人般的魔鬼教練，那個傷你最深、礙你最多的撒旦，在你生命的歷程裡既是土星、也是敵人。生命歷程裡如果沒有木星貴人與土星敵人輪番的交互參與演出，我們又怎能在平步青雲中而不怠惰？在越過幽暗深谷而不自棄呢？

下次遇到有人告訴你：「恭喜！恭喜！貴人旺旺！」除了說聲謝謝外，請記得貴人是個提攜向上的機會或資源，但也可能是讓你得意忘形的無形殺手；反之，有人告訴你：「小心些，近期之內敵人或阻力多」除了心頭一震外，也請記得敵人或阻力都只是要來激發你潛力的魔鬼教頭，千萬不要自己嚇自己，敵人或阻力還沒來，就先舉白旗喊投降了。因為，自我放棄迎敵的考驗，不就等同於放棄自身潛力的發揮嗎？沒有潛力的發揮，那來機會的創造與成功的明天呢？

命與運

陰陽思考的人生觀

　　珍妮佛對占星學理的了解、對自我性格及過往生命故事的觀照、參與諮詢個案的真實人生案例,明白:「生命藍圖中的禮物與考驗是被設定好的,生命行進間的事件與際遇是老天爺預先安排好的人生劇場場景;參與演出的你我在出生時即承載了來自遺傳基因的性格原型,在成長的家庭環境中,因著父親、母親與兄弟姐妹間的互動關係,養成了家庭人格性格,帶著這樣的性格去感受並反應生活中每一件行進間的事。有自發的選擇,有隨緣、隨境配合性的抉擇,有被迫捲入際運的不得不作為或不作為。每一個選擇、抉擇、作為或不作為都造就了運,命運反映出命與運之間的因與果。」

　　命運是老天爺事先設定的演出,也是你我參與及配合老天爺安排的人生劇本,你我在知覺或不知覺中跳進了生命的不同場景,演出悲、歡、離、合、貪、癡、嗔、疑、慢的幻化人生。這當中,有大喜,也有大悲;有歡笑,也有淚水;有開始,也有結束,沒有任何一個人可以改變生命生生不息的運行法則,也沒有任何一個人可以永恒不死於宇宙間。

　　知命的人可以達觀的過日子,身處苦難而不怨天尤人;不知命的人總以為老天爺虧欠他,只知道拿取生命的福份,卻不願意嚐一丁點的生命考驗。鐵齒的人自以為可以超越老天,斥命理為

邪說異端，迷信的人以為透過神，即可以改運祭煞的改寫生命藍圖。迷惑但有自覺的人願意以命理指引或占星諮詢來釐清過往、觀照當下、計劃未來；迷惑而無自覺的人，找人算命或諮詢只是解悶似的想聽好話、探求好運、期待奇蹟、順便倒情緒垃圾。

命與運之間的關係，實則因與果的邏輯。你是個什麼樣的人，你就會有什麼樣的人生。本質為邪惡多端之人遇行運吉，反助凶事擴大，真不知此為吉或凶？本質懂得修身養性的人遇行運凶，在低調與沉潛中反為韜光養晦的厚植實力，即便是凶也不致禍及於身吧！全身名牌、光鮮亮麗的行頭，是令人羨豔的感官享受或令人同情的拜物主義呢？位高權重、傾權一時的主管，是令人尊敬的權威領導或身陷權力牢籠的禁錮呢？獵豔高手的情場老將，是品味情色或為情色所役呢？

生命是一個陰陽思考的大哉問，命與運也是個你我不易，或不願意真正面對的大哉問，你我總是企盼幸運之神眷顧、撒旦惡魔遠離，好人避之為恐不及的撒旦惡魔，反是壞人需要的幸運之神呢！弔詭的生命哲學存在於痛苦裡面蘊含了甘甜，逸樂裡面包藏了墮落。有趣的是西洋神話傳說中的潘朵拉的盒子，裡面每一個東西都是好與壞、陰與陽的成雙成對。

親愛的，命與運可以是以臣服的心來接受造物主的安排，也可以是不屈服命運的以你自己的即興創造演出來總合。研習神秘學的珍妮佛，對命與運的看法可以是宿命的，也可以是不宿命的超越。有了陰與陽的兩面思考，才不會笨到與天做對的逆向操作，也不致於陷於兩手一攤的對自己的命運不負責，不是嗎？

美麗的山

變化萬千

　　有一個師父住在山裡成為一個隱士，有一個和尚問他：「那個路是什麼？」那個師父回答：「這是一座多麼美的山。」那個和尚說，我並不是在問你關於山的事情，而是在問「路」。」師父回答：「只要你無法超越那座山，我的孩子，你就無法達到那個路。」

　　那座山真的很高，它是一座喜馬拉雅山，沒有地圖可以指引，沒有人知道要如何跨越它。每一個人都是一座不同的喜馬拉雅山，你永遠沒有辦法做出一張地圖，因為每一個人的地圖都不同。你有你的喜馬拉雅山要攜帶，別人有他們的喜馬拉雅山要攜帶，帶著這些山，當你碰到別人，那麼就只有衝撞和衝突。（上下兩段摘自奧修出版社　奧修著　謙達那譯　花落繽紛）

　　是呀！對應著奧修說生命這座山是喜馬拉雅山，沒有地圖可以指引，沒有人知道要如何跨越它。珍妮佛在占星諮詢裡體會生命的存在本就是一座山，而且是座美麗的、變化的山。山裡溝谷流泉、花朵飄香、山景隨雲變化、山風陣陣來、山頂遼闊壯麗，你可以想像山間景象，變化萬千的像是人生一場吧！而每一座山蘊藏的裡子不一樣，景象的風貌不一樣，恰似人與人之間性格的差異、命運的不同呢！

　　透過占星學理來知道命運，是珍妮佛中年之後的生命禮物，它以隱藏的方式蘊藏在珍妮佛的命運之山裡，當珍妮佛透過積極學習而挖掘出寶藏時，發現挖得愈深、寶藏愈豐的顯露著本是豐厚的山間礦脈；但如果珍妮佛不拜師、不求藝的苦心鑽研占星學，恐怕山間礦脈依舊沉睡的躺著呢！這就是你我的命運各有原型，但原型可以有的格局，卻因個人的投入與創造而有所不同啊！親愛的，與其問：「我什麼時候才可以……？我與他能不能……？我們可不可以……？」不如問：「我要怎樣才可以……？我與他之間的互動是什麼樣的人際關係？在關係中我們會經歷什麼樣的考驗？」

　　李安導演的斷背山喚醒世人，每個人心中都有座斷背山；奧修哲人說：「你我都背著喜馬拉雅山」珍妮佛在占星、塔羅、Aura-Soma的身心靈整合諮詢裡體會出──你我的命運像座山，礦脈豐厚但隱藏，山景美麗但變化，身處山裡的我們很難看清山間全貌，只能看到什麼山景的說山像什麼，但請記得，不管我們身處山裡的那一條道路，這都是我們自己獨一無二的一座山。

　　親愛的，愛這座山，你就是這座山的主人，山景變化中的美麗是你可以享有的，山景轉換間的醜陋也是你必須擔待的，見山是山、見山不是山、見山仍是山，不就是生命一場嗎？

中年大轉彎
嚴苛的考驗

　　中年時面對的嚴苛考驗，無疑是生命的大轉彎，有的人是在經歷轉彎後掉進了坑谷而攀爬不出的痛苦；有的人是在轉彎時幾經折磨的驚險處處，但轉過彎後卻平坦無比的舒暢；有的人是以極俐落的身手凌空掠過險彎處，越過險彎後自在喜樂。生命越過了險彎處，來到了平坦處的人，往往，回頭一看，啊！感謝上帝，賜給的禮物如此特別，但回想起當初承受禮物時，內心翻湧的情緒是何等的害怕與抗拒呀！

　　珍妮佛要分享的是大學友人的真實故事。雲成長於公務員家庭，從小北一女、台大、高考進銀行捧鐵飯碗的優秀，讀書與考試對她來說，不過就是翻翻書的上考場寫寫就O.K.了，大學畢業後也嫁了個同樣在公家機關上班的先生，幾年後有個可愛的小男孩，生命本該平順且幸福的渡過，怎知，服務的銀行在民營化的浪潮下，逼得她需背負業績績效，對不喜歡業務推銷的雲來說，上班成了意志與情感拔河的苦日子，就這樣壓力日復一日的吞噬著翻湧的情緒，終於引爆了憂鬱症。雲回憶的說：「那時候的我，耳邊總有個聲音催促著我快點去死，我不但上頂樓勘查地形，頭腦很清楚的計劃著該如何跳下去，才能快速了脫生命的煎熬，也想到怎樣才能讓摯愛的先生與小孩，全家一起赴黃泉。現

在想起，怎會有如此不可思議的荒謬想法呢？」得了憂鬱症的雲體重從48公斤狂瘦到34公斤，撐不住身子健康、充滿罪惡感的瞞著父母辭掉可坐領退休金工作的雲，更加的覺得自己對不起家人、對不起學校、對不起社會，背負著台大人十字架的雲，當憂鬱症再次的來糾纏，想死的決心更強，日子就在先生的擔憂、小孩愛的呼喚與自身的掙扎下痛苦而緩慢的走過，後來不知怎的，雲說自己就想開了，憂鬱症也緩和多了。現在的雲，過的是一個平安自在的家庭主婦生活，中午幫小孩送便當，晚上陪讀，親子生活樂融融，回想過往，中年危機竟是與憂鬱症跳了一場危險探戈的驚悚舞曲。

雨成長於嘉義樸實的小康家庭，嘉女、台大到國內頂尖外商銀行的她，負責的工作態度讓她在資歷的累積下當到了主管職，安份且樸實的個性，從來也不強求些什麼，透過相親結緣的先生老實忠厚又照顧家人，婚後育有一兒一女的幸福與美滿。幾年前公司無預警的大規模裁員，原本不在裁退名單的她，竟也成了部門服務外移至東南亞國家的終極祭品。記得她慌亂又憤怒的來電告知處境時，珍妮佛還消遣她：「可以了啦！至少公司還是有制度的給了優渥遣散費做為補償，要是我服務的公司願意如此，我倒希望快點被裁員呢！」雨憤怒與無奈的是工作尊嚴與社會歸屬被剝奪的不得不情境，憤怒與無奈的煎熬足足困擾著雨前後三個月，曲終人散領了遣散費的雨專心的把生活精力放在小孩學校，卯起勁來當愛心媽媽後反而樂在其中。雨感慨著說：「養老大時，總因工作而疏忽了他應有的童年，老二卻相對幸福多了，因為媽咪總陪伴在身旁。」

　　雲與雨都是珍妮佛大學同班同學，當年的我們很巧的在同一年升格當媽咪，還拍了一張各自抱兒子的經典照片，成了一幅充滿親子趣味與同窗情誼的珍貴照片；另一個巧合的是，前後三年，我們亦各自經歷了生命大轉彎。研習占星學之後的珍妮佛，當觀照雲與雨的本命星圖時，又再一次的印證占星學理對應現實人生的精準與殘酷。雲的本命星圖即是月亮寶瓶刑海王天蠍，就在流年海王合相本命月亮於寶瓶刑本命海王天蠍時，又逢91年7月起行運木星進入獅子座時，木星引動了月海剋相的精神混亂，讓雲經歷了一場與無形妖魔抗爭的憂鬱症精神混亂，當行運木星離開獅子座後，糾纏雲的憂鬱症亦不藥而癒。雨也是行運木星進入獅子座期間的91年12月～92年2月時，引動出本命星圖事業宮與家庭宮的剋相，雖與資方反覆談判多次，但仍被迫離開服務了長達十餘年的公司，幸運的是行運木星進事業宮合相本命天王星，也衝出了星圖中家庭宮金星的能量，而能拿到一筆還算合理的遣散費，回歸家庭專心享受家居親子樂與志工媽咪的生活。

　　雲、雨和珍妮佛三人前後皆經歷了中年危機，憂鬱症、被裁退、轉業是我們三人各自面臨的特別禮物，在面對禮物時的恐懼與抗拒同樣反映著生命本能的掙扎，但事過境遷的我們，卻非常感恩自己在越過生命大轉彎後的自在與喜樂，謝謝老天爺！謝謝生命！親愛的，你呢？你的生命大轉彎以什麼樣的情節上演呢？

迷情

慌亂

　　迷情，是迷失於感情還是迷惘於情愛關係背後的糾葛呢？迷失於感情令人在情感發展上失去了方向，生活的行進偏頗於感情的選擇上；迷惘於情愛關係背後的糾葛令人猶如生活在情愛魅影的糾纏，魅影如妖魔般的侵蝕了本應清明的心智，讓人掉進明知痛苦卻難以自拔的深淵。

　　珍妮佛並非情愛專家，也非婚姻諮詢專家，但發生在占星與塔羅諮詢個案的真實生命際遇，及當事人來諮詢時的混亂情緒，帶給我相當多的感觸與衝擊。看到一個個活生生的生命沉淪在配偶或親密愛人帶來的迷情創傷，再對照當事人本命星圖或與之產生迷情關係的對方星圖，再一次地印證占星學理上歸納出來的星曜能量演繹真實的在當事人的生活情境中演出。

　　當事人問：「還要多久才能跳脫這樣的苦海？為什麼當我明明已經下定決心的斬斷關係時，偏偏他（她）就是不肯呢？不然就是他（她）口氣堅定的宣稱要離婚（分手）時，我卻故意難蛋裡挑骨頭的拖延呢？回歸到現實理智，我也知道這樣拖下去是不利的啊！」珍妮佛說：「星圖中顯示的訊息，是你在乎你與他（她）在情愛關係裡愛的本質，你當然放不下啊！你會來占星諮詢，無非就是想藉由客觀的自我觀照來釐清迷情的本質，不是

嗎？當你明白了放不下的核心非關小孩、非關金錢條件談不攏，真正的核心在於放不下情感裡的情愛時，何不換個角度，以真正無私的愛來包容這一段破損而難看的關係呢？若不能做到無私的愛來包容破損與難堪，也許往內探求，放下情愛的眷戀，才是脫離苦海的開始吧！」

透過當事人本命星圖的情愛痛腳處，與對方星圖的情愛破壞性來兩相對照，星曜的能量明白地顯示愛恨情仇的煎熬，一時難了啊！既難了，跳脫痛苦深淵的唯一法門，就是自己改變對這段情愛關係的看法，方能不再執著於情愛眷戀、不再抱怨對方反覆帶來的摧殘與精神凌虐。佛說：「萬法唯心造」，此時此刻，任憑任何一個專業的諮詢師，能夠給予的精神支持與鼓舞亦無它。

兩人的情愛關係裡，當各自的本命星圖都背負著情愛的失落與情愛的出軌時，不就是一個巴掌拍不響的情愛變調曲之最佳拍檔嗎？當情愛變調曲被行運的星曜引動破壞力時，任憑過往的關係即使再牢靠、彼此間現實的利益或好處再多，依然過不了這種命定的痛苦與折磨關係。唯一能夠超越的即是「知命」後的了悟，了悟雙方緣起緣滅過程中的愛恨情仇、悲歡離合，明白造成痛苦存在的不是伊，而是你與他今生本應背負的情愛功課，在雙方死纏爛打的糾纏裡，不再一直指著對方控訴或為己叫屈。就算對方的心靈水平遜你很多，仍死纏爛打的咬住不放，至少這時的你，心態上已能以旁觀與抽離的方式來回應，對方的撕吼或狂舞的力道在你雲淡風清的清明回應下，也不能造成多大的肆虐了。

我心已碎！

療癒創造新生

「心碎了！」心碎的原因在於付出得不到回報，或預期得到的收穫見不著影的沒啦！心碎的感覺也許是活跳跳的心被刀子割裂般的劇痛，也許是早已千瘡百孔的心再一次的被利刃劃過般的麻痺、幽幽的痛著。

「我心已碎！」說這句話的人語氣中總帶著冷靜的哀傷，雖不像「心碎了！」現在進行式般的鮮明，但卻讓人感受到哀莫大於心死的無奈與絕望。對於正處於「心碎了！」的當事人，我們只要安靜的聽他（她）訴說心碎的原因與故事，即可讓他（她）稍稍好過些。對於「我心已碎！」的朋友或個案，技巧性的挖掘出他（她）的傷痛，讓他（她）願意回到心碎現場的傾洩出心碎的故事與感受，重新改寫心靈圖像，超越心碎傷痛是需要專業知識技能。

探索並挖掘當事人刻意的將心碎埋入塵封記憶，或任由下意識的自我防衛機能啟動，將心碎丟到心靈地下室的禁錮治療，是西方精神醫學、心理諮詢、催眠回溯的創傷療法。不管是那一種創傷治療，目的都在於讓當事人再一次的去面對心碎的原因與事實，藉由現在的自己去療癒過往的自己；藉由現在成熟長大的本我去愛撫那個內在受傷的小孩。

　　心碎是一種破碎、失去連繫及隔閡的經驗；心碎是不抗拒、不接納或拒絕，心碎的厚度就是受傷的強度；心碎會有批判、詮釋及怨尤的層面，詮釋是錯誤的，而批判及怨尤則隱藏著自己的內疚；心碎有一種情緒勒索及控制，心碎是一種鬥爭的形式，我們用心碎來打敗某人；心碎給我們藉口；心碎是自我懲罰的形式；心碎是一種報復的形式；心碎來自於競爭、操控及輸贏的態度；心碎支持了一個負向的生命故事，那是我們投入已久執不放的故事，如果不療癒好此一故事，就會有一頁又一頁的心碎章節出現；心碎的伴侶、情境反應自己的心靈。每一句短短的心碎詮釋，是不是讓你看得感動又當頭棒喝呢？（以上係摘錄自心靈海國際教育集團「全心全意」恰克‧史匹桑諾博士著作。）

　　珍妮佛電子報的讀者群或諮詢個案中不乏心碎的故事，有的讀者在珍妮佛一篇又一篇發表的主題中，迴盪著說不出的心情悸動，有的諮詢個案在面對星圖與現實人生之巧合，感慨的說：「我心已碎！但難道真的就只能這樣嗎？」珍妮佛的回覆是知命而後才能造命。雖然我們沒有辦法重新選擇出生時間之於宇宙的個人星圖，但我們可以因瞭解自己而超越於行星能量的性格與際遇演出，直接的說就是雖然你無法改變命運之於你，但你卻可以改變你之於命運的態度。

　　親愛的，心碎誠難以承擔，但耽溺於心碎而不願意去療癒它，那才叫上帝也心碎！連最愛你自己的「你」都放棄療癒自己，上帝也莫法度囉！

相愛容易相處難

愛的幻滅

　　愛一個人並不難，難的是愛的相處。回首情字這條路，你有沒有這樣的感觸？愛情勾動的那一刻，不管是電光石火的慾望撩起，或是滴水穿石的漸進侵蝕，總叫人懷念那初始愛的光華與激情。當激情過後，你眼中所看到的、心中所感受的或許正是愛的幻滅吧！你總覺得他（她）不再那麼可人順眼，也不再對你百般體貼，但為了一份你已投入的激情，誰也不願意從愛情裡退一步自省，反倒是計較起誰愛誰多的權力競爭，這一關最讓你難過的是，昔日的親密愛人，今日情份何在呢？

　　延續著親密關係的權力競爭，或許煙囂塵上的四處烽火是你倆愛的戰場，或許他（她）厭倦了這樣的糾葛，以欺瞞而不負責任的愛之背叛，狠狠地甩掉你的自尊與驕傲。被背叛的你總想知道為什麼？愈陷在為什麼的泥沼裡，愛的關係每況愈下，於是背叛者的欺瞞轉為堂而皇之的公開外遇，更叫你憤怒、羞愧、咆哮、絕望的撕裂彼此情緣，背叛者以一種輕鬆而解放的態度，以欣然而一點也不辜負你的心情，投向了第三者的溫柔暖被，獨自留下往事不堪回首的傷痛伴你孤枕難眠地流下一灘情淚。

　　這樣的劇情天天上演，電視肥皂劇裡的嘶吼，八卦雜誌的揭露，看得你頭皮發麻。暗自慶幸那樣的爛戲碼不會發生在自己

身上，但如果這樣的劇情發生在你的好友身上，你要如何安慰他（她）呢？珍妮佛的諮詢個案裡不乏這樣的真實人生悲情故事，當事人的不平與憤恨是典型的反應，除了透過星圖上行星能量運作的解析，讓當事人明白與接納現況外，珍妮佛唯一能做的就是傾聽，讓當事人宣洩再宣洩，再問當事人期待些什麼？打算如何面對這難堪而走調的親密關係？是寬恕與原諒，待行運過後了無痕的破鏡重圓呢？還是玉石俱焚的兩敗俱傷呢？因為面對親密關係傷痛的當事人，其實是內心深處是最清楚該如何走下一步的人。

　　占星諮詢可以幫助被諮詢者釐清現況，也能透過行星的能量預知未來的關係走向與品質，但當下的決定卻取決於當事人的智慧。如果因傷痛來得太快、太猛、太深，一時理不出頭緒，建議你靜下心來，以一種觀照自己人生故事的心情，與你的心靈展開對話。不知道如何切入的，可以到書店翻閱一下你看得進去的相關書籍，可以是親密關係的探討，也可以是別人的婚變心路歷程分享，相信透過諮詢專家的諸多個案與別人親身的人生經驗，可以幫助你建立清明的自信，很快的下一步的基調與走向，不言自明。

　　星圖上如果太陽（月亮）受剋於天王星、海王星、冥王星，容易在行運中拉出破壞的力量，讓你經歷先生（太太）的不告而別或外遇偷情，天王星的破壞讓你無法預期，顛覆常理常規；海王星的破壞像海水般侵蝕與滲透，等你發現配偶外遇時，已經是麵線糊牽很長了；冥王星的破壞讓你徹底經歷情慾與金錢糾葛。欲哭無淚的你，是不是特別感受相愛容易相處難，早知如此，何必當初呢？

黑夜

慾望橫竄

在太陽隱藏的時候，喜歡冒險的罪惡感，被黑夜偷偷撩起。

摻著淡淡酒精的水，配上精製的餐點，喝起來有如魔法般的順口甜美。

在杯觥酒影之間，笑聲讓男女授受界限模糊，媚惑的眼神鬆懈了道德的神經。

酒足飯飽杯盤狼藉之後，霓紅燈催促著墮落的腳步，屬於夜晚特有的曖昧遊戲正要展開。

酒精在身體內作用有如惡魔的催眠，沉淪的天使不喜歡甦醒，良知的呼喚只拯救理性邊緣的靈魂。

關上車門，離開誘惑的喧嘩，上帝灑落的那一滴眼淚，選擇覺悟的只有一個。

那是誰？

親愛的，感受到文字裡的黑暗嗎？這是太陽、水星、金星落入天蠍者的文字創作，與她相知甚深的珍妮佛，在她的文字裡看到了城市男女慾望橫竄的黑夜，一顆清明的心雖抽離的了然，卻不得不攪在黑夜中的杯觥交錯裡，不知道她的人，會以為那個在

應酬裡的她，是她；但只有真正與她有深交的友人們，才會知道那個她只是為了滿足工作上交際應酬的她，不是真正的她。珍妮佛為她感到欣慰的是，平日透過星圖一再提醒她的話語，她聽進去了！

　　人往往有許多的面向，常常我們以自我的印象選擇性的認識一個人，或以我們與他人間的生活交集面來概括認定一個人，殊不知我們可能只是選擇性的認識那個我們自以為認識的他（她）。占星學理的人際緣份合盤，卻像個鏡子似的照出了我們與他人間的真實互動風貌，透過自己與他人間的星曜相崁效應，讓當事人看到了眼睛看得到的、頭腦感知的、情感認定的，也看到了眼睛看不見的、潛意識知道的、靈魂選擇的人際緣份關係，客觀的與主觀的人際緣份盡在其中。

　　愛情合盤是珍妮佛占星諮詢服務中，徬惶或痛苦於情愛中男女的首選，諮詢經驗讓珍妮佛明白，來諮詢合盤的當事人，大多已在男女情愛關係裡糾纏了好一陣子，來諮詢無非是想透過合盤裡的占星語言與現實情境的關連性，來印證自己已知的緣份是怎樣，更想探究那未知的部份又如何呢？行運中的未來又會怎樣呢？

　　人是個很複雜的、有感情的動物，人際間的互動所演出的各式情節，往往因感情與慾望的涉入，而超出了理性的、利益的、作為間的需要。就像黑夜中當「酒精在身體內作用有如惡魔的催眠，沉淪的天使不喜歡甦醒，良知的呼喚只拯救理性邊緣的靈魂。」感情恰似酒精在我們體內發酵一樣，催眠了理性的面向，

讓良知或道德沉淪於慾望橫流中。男女情愛複雜糾結的關係，不正是慾望助燃了兩人星圖相崁間的業力效應嗎？當伊甸園裡的蛇，蠱惑著夏娃吃蘋果，夏娃再慫恿亞當也嚐嚐時，糾纏的業力不就演出了嗎？

　　親愛的「關上車門，離開誘惑的喧嘩，上帝灑落的那一滴眼淚，選擇覺悟的只有一個。那是誰？」你是那個選擇覺悟的清明者嗎？還是你是那個躲藏在黑夜中的冒險者呢？

第二篇

一

占星諮詢分享

情傷
難以釋懷的痛

　　情傷是那一種傷？傷在感情被毀壞嗎？還是傷在被劈腿？或是傷在錢也被捲跑了？珍妮佛占星與塔羅諮詢個案裡，情傷的當事人不少，只是不同的當事人對情傷的痛腳處反應不一。

　　一個先生外遇的妻子說：「我寧可他只是性出軌，而不是讓我不得不面對他真的愛她。」另一個先生花錢買春的妻子說：「我寧可他真的搞特定對象的外遇，而不是到歡場尋求性解放。」另一個說：「我不能了解，我這麼愛他，他為什麼還要騙我的錢？」三個不同的個案，各自承受了一樣的情傷，但被情所灼、被痛所刺的焦點卻不同，對當事人來說，不論是過往的或當下的痛，都是難以承受的情傷。

　　不能接受先生對婚外情對象付出真愛的，在於認定愛是聖潔的，是妻子才可以獨享的專利，而性是可以出軌的玩一玩，不要當真還勉強可接受；不能忍受丈夫花錢買性的妻子，認為性是婚姻之愛忠誠的關卡，失去了婚姻之愛的忠誠象徵，還有啥可談的？為愛犧牲金錢的女孩，不能接受為何癡心換來一片絕情，自責於自己的癡。

　　珍妮佛就每一個諮詢個案，一一配合個人星圖能量運作下的性格來解說，無非是希望當事人不要過於執著情傷的「傷」點到

底在那裡？過往的情傷就當做是愛情世界裡成長的代價，往事已矣！而當下仍陷於情傷的當事人，珍妮佛只能說：「這是一段很難的功課，再多的不甘與爭執，也無濟於婚姻現況的改善，也許情傷之於婚姻正是個人自我成長的開始，何不轉移焦點去開拓未來自己的可塑性呢？待行運過後，當你不再脆弱無助於情傷時，你已經做好了自我的準備，隨時可以迎接一個新的未來。」看著當事人眼眶的淚水，珍妮佛也感受到情傷的痛啊！但不希望未來的她們更痛於再一次的糾葛與悔憾裡，還是要理性的開導她們勇敢地面對當下。

　　同為女人，珍妮佛明白情傷的「傷」在於每個人在意的焦點不一，當傷痛處是當事人最在乎的點，也就是心理的最後一道防線，一旦承認了這一點，當糾葛與爭執中所有的衝突都回歸到這個點時，正是當事人崩潰的時候。自我防衛的心理機制會自動啟動，以各式的表面理由來掩飾或轉移這個核心的點，但愈是不碰觸、愈是逃避這個點，情傷的「傷」是不會療癒的。

　　情關難過，情傷難治。時間雖然可以沖淡情傷的傷痕，但卻不能治癒情傷的「傷」點，只有自發性的願意透過自我的心理對話來療傷，才比較有機會與能力走過情傷。婚姻心理諮詢是一個方法，占星諮詢也是一個途徑，但不管是心理醫師的婚姻諮詢或與珍妮佛聊聊的占星諮詢，都只是外緣的釐清與助力，真正能幫助自己療癒情傷的人，其實還是你自己。

外遇？

婚姻危機管理必修學分

　　珍妮佛占星諮詢個案中，外遇的當事人不論是婚姻的背叛者或被背叛者，莫不陷入「為什麼會外遇？」的困惑與痛苦，無論是背叛者或被背叛者，只要是陷入外遇的當事人，沒有一個是好受的，沒有一方是不掙扎或徬徨於婚姻的關卡。

　　外遇裡被背叛的一方想知道自己何以被背叛？背叛的一方不明白自己怎會出了軌？當事人的心情是迷惘的、痛苦的、不知何去何從的徬徨，有的當事人急於快刀斬亂麻的結束婚姻，逃離已向配偶坦白外遇的婚姻裂痕；有的當事人苦於婚姻裡找不到靈魂相契的貼合親密感，迷糊的陷入了外遇誘惑，悔憾不已；有的當事人面對配偶坦誠外遇的真情告白，在要不要繼續擁抱親密關係中亂了方向。因外遇涉及親密關係中的愧疚、悔憾、困惑，讓他（她）們與珍妮佛相會於占星諮詢中。

　　背叛的當事人，目前正處於急於擺脫婚姻桎梏的強烈意識，這種急於擺脫婚姻桎梏的意識，逢流年木星引動本命星曜破壞與顛覆婚姻關係的能量演出，只要有心挽回婚姻，夫妻倆共同面對外遇的衝擊，背叛的當事人懂得以誠意與行動來尋求被寬恕，並讓被背叛的配偶明白寬恕背後的真愛意義，婚姻的裂痕是可以修復的，兩人不一定非得離婚收場。因為就算是匆促離婚，對彼此

來說，都是一個草率的婚姻傷害，雙方帶著這樣的心靈傷疤，面對下一段親密關係，難保不再各自重蹈覆轍。

出軌的當事人，家只是個衣食安逸的殼，與配偶間心靈不通、話不投機半句多，尋求靈魂伴侶的渴求讓他（她）莫名奇妙的陷入外遇，想走出不快樂婚姻或婚姻中缺乏愛情活力的心，是外遇發生的動力，明白了這點，再透過星圖了解何時應是煞車時候，洞悉了不懂得煞車必翻出婚姻軌道而身敗名裂的道理，預警這段出軌的外遇，將帶來的破壞與殺傷力。對出軌的當事人來說，星圖讓他明白婚姻的幸福是一種持續性的經營與付出，靈魂伴侶若非配偶，自己應如何轉換到心靈成長的面向，而非涉入玩火的婚外情。

亂了方向的當事人，陷入了離婚條件的談判糾葛，在離婚條件中反覆不定的浮沉與拉鋸，是一種剪不斷、理還亂的擁抱或割捨的痛，理智上覺得應該離婚，情感上很難放下親密關係，心意上覺得應該寬恕對方，面子上卻掛不住自尊被踐踏，反覆煎熬中，不知何去何從於孩子與配偶間的未來。透過星圖，當事人明白犧牲與包容是她此生必需承受的靈魂考驗，眼前的痛即是要她明白如何在愛自己與愛別人間學會平衡。

珍妮佛接觸了外遇占星個案後，更覺得當事人應深入了解與探索外遇背後所蘊含的深層心理與行為動機，如何以建設性的心態來面對外遇的傷痛，誠心祈求被寬恕或擺脫睹爛來寬恕，盡最大的努力來修復婚姻裂痕，或讓離婚對家庭關係人的傷害到最小，少造些業方為正道。

徘徊失婚的女人

愛的煎熬

　　徘徊失婚的女人，指的是猶疑於離婚邊緣的女人，擺盪於離婚的解脫與失婚的傷痛間，離婚雖然可以解決當下的糾葛，解套眼前的膠著，但失婚卻讓家庭的破碎性浮現而出，接下來要承擔的更是親朋好友的關懷或議論及種種現實生活承擔，想起了這些現實面的問題，女人遲疑與退怯了，就這樣駝鳥的心掩蓋著早已變調的婚姻，心頭的傷與痛持續淌血於徘徊中。

　　失婚的女人不管曾經有過的痛是什麼，在時空的座標中已是過去完成式，經過了失婚的傷痛，轉化成親密關係中堅強的鬥士者大有人在；而徘徊失婚的女人此時此刻的煎熬，卻是現在進行式的時而堅強、時而怯懦、時而清明、時而混亂的反覆與糾纏。

　　旁觀者清，當局者迷。徘徊失婚的女人在情感面那麼難以超越的原因，非當事人的你我可以體會與了解的，女人曾與他的男人有過的恩愛纏綿，與男人建立的家庭生活情義點滴，在女人的生命中有著太多太多的深情牽絆，女人與他的男人間的爭執與牽扯，其間無非也是愛的呼喊與求救。女人執著於這一份曾經付出的愛，擺脫不開曾經投入的生命與青春，更害怕承擔不起社會的眼光。

　　親愛的，如果你是那個徘徊失婚的女人，眼看著一份走不下

去的婚姻，你會怎樣呢？是繼續麻痺自己的讓男人為所欲為的踐踏婚姻中的妳？或寧願相信男人之所以想結束婚姻是為了彼此的未來解套？如果你心知肚明的了悟，不離婚的耗著是為了子女或家庭的完整性而犧牲自我的感受與尊嚴，或許全然的寬恕與無條件的愛是你應該要完全做到的胸襟，如果魚與熊掌是不可得兼的兩難，那麼放下破碎變調的婚姻，換來的會是你能給予自己與孩子的未來。

珍妮佛覺得中國人一向是勸合不勸離的寧可維持婚姻的殼，而忽略婚姻的品質。過去我們也都一直活在這樣的教條中，使得許多的小孩成長於一個愛的扭曲與父母長期不合的環境中；反觀現在的社會，個人的自主性提高，相對的離婚率攀升，小孩在單親家庭的環境中面對的成長問題又是另一樁。說來說去，婚姻的不幸福都不是當事人願意面對的，但當考驗來臨時，魚與熊掌不可得兼的兩難裡，不管是選那一種，都有機會成本要承擔，也有潛藏利益要捨去。

親愛的，離婚與否是人生的難題，做決定的也是你自己，如能健康而冷靜的分析離婚與不離婚的利弊得失，再問自己那一邊是你真正比較想要的、能要得起的，一旦選擇其中的一方，就要勇敢並願意扛起隨之而來的捨去與責任。雖說好難的功課，但此生走完它，總比下輩子還要償來得好些吧！

救贖的愛
不回頭的耽溺

　　浪漫一直是雙魚座的能量徵象之一，不知浪漫一詞係來自英文romance羅曼史的音譯嗎？珍妮佛嚐試著從字面上來解釋浪漫，覺得浪漫是一種個人情感處於猶似追夢般、且又流連在漫無邊際的追浪狀態。

　　占星學理上的雙魚，徵象兩條漫游於大海中的魚，一條是隨波逐流的魚兒，一條是奮游向上的魚兒，隨波逐流者一生都在追尋一個又一個的夢想，但夢想卻流失於人生的驚濤駭浪中；奮游向上的魚兒，雖是追夢成功的實現了世俗的成就，但心靈深處卻永遠有一份出世的夢想猶自失落在夢海裡載沉載浮。

　　雙魚的浪漫與出世，在面對情愛時最為明顯。個人星圖上的星曜如雙魚座多，又有剋相的落入掌管情愛的五宮、掌管親密關係的七宮、掌管情慾的八宮，或星圖上海王星嚴重受剋於掌管情緒與親密感的月亮、掌管情愛的金星、掌管情慾的火星，很不幸的是終其一生，總會耽溺或放縱於救贖的愛，也就是為一個在現實生活中有缺陷的愛人，奉獻的付出無私的愛，來成就一段俗世中永遠無法實現的愛。

　　救贖的愛，對當事人來說是一種理智上不願意真正面對的殘缺之愛，是一份自欺欺人的情感關係；對外人來說，永遠不能理

解的是，為何當事人會如此的放縱與癡迷於一份在現實生活上是不利或帶來麻煩的情愛。當事人的愛慾仿彿被女妖給綁架似的，被勒住在一份註定要犧牲、要奉獻卻又得不到回報的情愛與情慾。

救贖的愛比起桃花難開還辛苦，個人星圖桃花能量弱，反映於現實生活中只是少了被情愛包圍的熱絡，救贖的愛損失的卻是當事人的青春、情愛、情慾的傷痕。珍妮佛諮詢的個案中，有受苦於另一半長期的外遇不斷，而另一半也敢大剌剌的在她面前描述外遇情史的辛酸；有受苦於另一半猶似老鼠躲貓似的讓她抓不著證據，一次又一次的欺瞞與掩蓋出軌；前者是配偶海王星剋相月亮的投射型受害者，後者是配偶海王星在七宮刑剋四宮水星的說謊者，面對這樣的配偶，當事人吞忍與犧牲於婚姻生活裡，被迫成為配偶追求救贖之愛的受害者。

珍妮佛占星諮詢，遇婚姻外遇或情感劈腿出軌者，透過當事人的個人星圖觀照，幫助當事人了解個人星圖上所承載的生命功課，解脫當事人怨懟生命與造化弄人的憤怒；透過當事人與配偶或愛人的星圖合盤解析，讓當事人了悟緣起緣滅間的愛恨糾葛，化解當事人對配偶或愛人的滿腔恨與怨。

親愛的，此生需面對配偶或愛人沉淪在救贖之愛者，是一份生命中不能承受的無奈辛酸，但如能夠誠實而清明的面對自己與配偶或愛人的情愛關係，你我的生命將不再那麼迷惘，情感也不再那麼迷失。而要不要跳脫救贖之愛的共同演出，就看你我保留了多少的清明於心中了！

依附的愛

反失去了自主嗎？

女人像小鳥一樣的依附在男人的臂膀上、找到了可以託身的男人、從男人身上得到物質與精神上的照顧，幸福嗎？活在男人太陽的榮光裡，從太陽裡汲取生命的支持，對許多女人來說，是親密關係的終極夢想嗎？

占星學理上太陽在七宮的女性星圖，只要太陽不受剋，當事人多半有個令她感到很重要的親密伴侶，若再有個金星一起來合相，更令人羨豔的是這個親密伴侶是個捨得對自己付出感官與精神之愛的男人呢！

珍妮佛諮詢室裡的琪是姐妹淘們羨慕的女人，男友除了是枕邊親密愛人外，更是她衣食享樂的金主，創立的事業全權交給男友打理經營的她，偶爾到公司露個臉、打點一下男友的行政事宜或重要會議行程就好了，感覺上愛情與事業兩得意呢！交往多年只差一張結婚證書的琪卻有股說不出的不快樂，她懷疑自己是不是太貪心了、太不知足了？眼前的順境理當覺得幸福與快樂呀！

攤開她的星圖，珍妮佛明白為何琪不快樂，原來不快樂的原因竟在「活在男人太陽的榮光裡」呀！能幹的男人為她經營了生活、填滿了她的現況，甚至取代了她上升天蠍本應有的深耕生

命力，一株應在大自然中蛻變成長的樹苗硬是被照顧在溫室暖房裡，舒適安逸久了，天蠍深耕本質被金牛的關愛給鬆化了，難怪會有沒有活出自己的不快樂感。

珍妮佛占星與塔羅諮詢個案裡，大多數的未婚女人最高興聽到珍妮佛說：「你應該可以用得到先生的錢，你會嫁一個被你認為很重要、頗有成就的男人。」就世俗的條件論，女人能夠透過婚姻或親密關係得到物質上的感官享樂、衣食無缺，多恣意呀！但就生命成長的靈性法則來看，若女人星圖上的自我意識強烈、靈魂本希望她能自立自強，這種被照顧的無伸展空間親密關係，反是生命力成長的束縛呢！而因此不快樂的女人，在外人看來反被視為身在福中不知福的反諷喔！

親愛的，什麼樣的親密關係是最理想的模式，其實是個沒有答案的開放性議題，你認為幸福的臂膀，對喜歡自我遨翔的鷹女來說，男人的臂膀是天空下的陰影；對喜歡攀附在男人羽翼下的女人，反怨嘆著自立的命苦吧！

婚姻路上，珍妮佛喜歡自立，也享受偶爾被照顧的安逸，當環境不允許安逸時，也不覺得自立有什麼苦，婚姻生活像倒吃甘蔗的愈見甘甜。或許遊走在依附與自立間，才是經營婚姻（親密關係）、創造幸福的彈性法則吧！

放不下的愛

千迴百轉

　　放不下的愛是一種理性與感性的天人交戰，明知愛已過去、情已塵封，可就是怎麼樣也揮之不去昔日戀人的身影啊！明知愛的三角關係裡，自己可能是第三者，硬要擠進去的攪和必惹來擁擠的傷害與怨懟，但就是擋不住內心愛欲與情慾的呼喚呀！

　　桑芳齡三十好幾，早已過了適婚年齡的她回憶著說：「十多年來，我一直刻意的讓自己與愛絕緣，逃開男人的追求，不是我性冷感或愛無能，而是我覺得我應該等他，直到他進入結婚禮堂的那一刻，我才會真正的死心，當年因我的糊塗出軌所造成的分手遺憾，我才能真正的得到救贖，不再忠貞的等候可能的情緣復燃。我也知道他是我心中的幽靈情人，若拋不開他，我是不會真正的再愛另一個男人。直到今天我才真正明白大天蠍的我，對愛的激情竟是如此的執著，我也知道放不下的愛阻擋了新的情愛，但我真的就是不能在他未結婚之前就放下呀！」

　　年輕芳華的齡，坐定之後慧詰的問珍妮佛：「命可以改嗎？如果我知道三角之愛的結果是必然的傷痛，我可以避開嗎？我一定要經歷這一場愛的功課嗎？同一個專案小組的共事關係，逼得我每天必需面對心動的他，我真的不知道要怎樣理智的喊卡呀！可是我真的很不甘願愛情之路上我竟是第三人呀！」

　　桑的幽靈情人是她大學時代的學長，齡的心動對象是共事的夥伴，桑的情愛是一段年少輕狂而錯失的愛，齡的情愛是一場三角的擁擠之戀。愛情對桑來說是時間釀造的激情餘溫，對齡來說是剛剛點燃的情愛之火吧！

　　透過星圖的能量觀照與塔羅牌占的隱喻，珍妮佛分別幫桑與齡解析著可能的狀況與情感上的衝撞將如何。桑的頭腦層次明白流年木星在天蠍的一年裡，內心之家的折磨與衝撞是本命大天蠍的她必經的情感洗滌，12年前的傷痛將再次來啃噬，就算不是實體世界中兩人的糾纏，也必然是自己內心深處激情的澎湃激盪與高速迴旋，也許通過了天蠍洗滌的轉化，她才能夠真正的放下，告別當年自己與他的分手之憾，對自己徹底的說聲：「往事已矣、隨風而逝！」

　　珍妮佛告訴齡：「個人星圖上星曜所徵象的物、身、心、靈層次的不同能量，是當事人可以選擇要用什麼樣的能量層次來參與演出的情境等級，若選擇以物與身的能量來參與演出，那就要有心理準備，三角關係本是糾葛不斷的占有與共享的起伏性戲碼，一定會把你搞得很痛苦、很不平衡；若你選擇以心與靈的能量來參與演出，現實中不能擁有的情與慾，將轉移到心靈世界的騷動與煎熬。兩者的能量都是演出，考驗著你知命之後的造命。命可以因知命而造命，但請千萬不要相信命是可以改的簡易法則，掉入了改命的陷阱，無非是自欺欺人的往火坑跳喔！」

　　親愛的，放不下的愛讓桑與齡千迴百轉於愛情之路，你有過這樣的感受嗎？走出來的你，笑說當年癡嗎？尚未走出來的你，午夜夢迴愛的酸楚更上心頭嗎？

中年騷動

擋不住的狂亂

　　騷動是一種強烈的心靈渴求，初期會被你我以理智來刻意壓抑，因刻意的壓抑而更形難耐，一旦騷動的情緒泛濫的在現實生活中找到出口，理智的堤岸潰決時，人生的災難於焉演出。

　　珍妮佛何以單挑中年騷動來探討呢？難道年輕歲月不騷動嗎？夕陽黃昏不騷動嗎？青春騷動是年輕人對這個世界初次的探索歷程，好奇的心進入了現實生活的嘉年華，春城無處不飛花的好玩極了；中年騷動是一種喚回青春的渴求，寄望青春小鳥再次回到身邊共依偎，藉此肯定生命存在的活力與抓住青春尾巴的稍縱光華，是典型中年危機症候群的反射；黃昏夕陽的騷動，應是你我抵抗銀髮歲月的最後一次掙扎吧！

　　珍妮佛諮詢個案中，不乏中年騷動的加害者與受害者，大多數的加害者與受害者，以騷動的心來主導或參與現實生活中的婚姻外遇居多，表面上家庭生活依然行進中，實質上心早已飛出家屋的殼，有偷偷的沉醉在外遇激情，有化暗為明的表態想離婚，有想跨出道德藩籬的心，猶如懸崖上的愚人，觀望懸崖裡的慾望坑谷，也有一些中年騷動者係反映在事業與工作的徬徨，不知何去何從的走下一步生涯路。

　　有人會質疑：「結果呢？世間那麼多人離婚、搞外遇，我也不過是其中之一，為什麼有些人的外遇可以有情人終成連理枝的再組新家，而我卻要付出這麼大的代價呢？」有人會反省：「回頭是岸，原來外遇是中年騷動的出口，我應該轉移焦點的找新的出口，以益身又不傷人的方式來安撫中年騷動。」有人會想：「怎沒想到這就是中年危機症候群之一呢？不該介入與演出的狂野，腦子狂想也就罷了，怎會笨到跟自己過不去的差點掉進情慾險坑呢？」

　　占星學理上只要個人星圖夫妻宮與家庭宮受剋於行運至命宮的天王星，對當事人來說，天王星的破壞搞怪威力就像一股龍捲風一樣的掃進婚姻裡的親密關係、家庭裡的家人關係，搞得當事人陷入無自覺的中年騷動，極度的想以拋夫（妻）或棄子的方式來完成天王星的負面能量。這一股破壞性甚高的狂野威力，在行運天王星逼近正刑本命星圖家庭宮或夫妻宮星曜的階段最為明顯，不管當事人是否真正的演出外遇糾葛，或以意識流的綺思狂想、過著心不在家與婚姻的日子，都需待行運天王星遠離刑剋本命星圖家庭宮或夫妻宮星曜後，險戲一場方得下台。

　　親愛的，天體運行自有其天道，天體運行之於人生行進的剋相，正是天道考驗人道的方式，唯有透過星圖觀照後「知命」的清明，或雖不「知命」但本性靈魂高貴的人，才比較有機會擺脫行運天王星之於家庭或婚姻的破壞，讓中年騷動化於清明或移情於其它。

遇上了不倫情愛嗎？

愛情魔鬼的試煉

　　親愛的，若問惡是什麼？惡不就是善的對立嗎？而惡將以什麼樣的型態來出現呢？惡不必然是以令人憎惡的、恐怖的、避之唯恐不及的方式來現身，相反的，宇宙大多數的惡係以令人心動的、驚喜的、想擁抱的人間形式來出現，其中最讓人難以招架的，不外乎是看起來是「愛」的不倫情愛吧！

　　半年多前的星圖諮詢個案芳，近日再度來諮詢她所遇上的麻煩事，珍妮佛知道行運冥王人馬在她星圖上所引動的宇宙「惡」的力量，正反映著行運冥王星前進→後退→再前進的逆行現象的迴力棒力道，再度引動芳一串落入8宮諸星—火星、冥王、木星在處女的剋相，狠狠的修理著芳在心念上與宇宙「惡」的力量共舞的錯亂戲碼，更麻煩的是當行運冥王人馬刑火星冥王、木星在處女的力量過後，還有尾隨落入11宮的行運冥王魔羯再來剋8宮天王天平的親密關係的動盪創傷呀！

　　芳不解為何自己在愛情之路總尋覓不到體己的愛，這陣子命運為何總是以不倫之戀來蹂躪她，企求在親密關係裡有份體貼的愛有錯嗎？愛一定要被社會的眼光與世俗的綑綁給框住嗎？姐弟戀所承受的社會壓力與情愛關係中所感受的自尊踐踏怎如此沉重呢？珍妮佛問芳：「如果你是那男孩的母親，你可以接受兒子帶

回來的女友是可以當阿姨的熟女嗎？男孩正當年少青春時，當探索熟女的愛慾好奇滿足後，你以為還有什麼是新鮮好玩的呢？」

珍妮佛告訴芳：「你現在所面臨的困境，正考驗著一串星曜落入8宮的靈魂是要陷入慾望的沉淪，或是因看穿了慾望的貪婪而能即時覺醒於靈魂的洗滌呢？我沒有辦法告訴你—為何你的靈魂選擇要再讓你經歷這一關如此難受的情慾考驗，看起來半年前你所遇到的不倫情境，相較於這次單純多了，這次的不倫情境既已真實演出，且在你倆的合盤裡清清楚楚的顯示著，你倆的緣份只不過是場天王天平女與火星及海王星魔羯男所演出的不倫情慾之幻滅情愛，而他也不過是行運引動的宇宙「惡」的力量之配合演出者，要懂得這一段關係是遇上了愛情魔鬼來邀舞，不管舞步曾經如何香豔，舞畢終該散場！現在你所面對的是該如何優雅的分手，而不引來對方反想強力征服的自尊反彈喔！愛情裡的賤在於即便他早已不再對你有興致，當你不想要繼續玩下去時，反激起他想在愛慾關係裡掌控征服的不放你走耶！」

半年前，芳來找珍妮佛時，正陷入了自己對不該愛上的人有情愛與慾望的遐想，搞得她生活所思所想方寸大亂，她知道自己不該有那樣的不倫遐想，她也知道陷進去保證萬劫不復的要付出形象醜聞的代價。在那次的合盤裡，珍妮佛剖析著芳自己的行運情境，也分析若陷進去可能的後果將是什麼？芳以差一點掉進罪惡深淵的邊緣狀態即時清醒過來，沒想到當行運冥王逆行再前進的力量又再一次的把她拖進去了，這一次再來諮詢，芳才明白原來是自己的心念造就了行運宇宙「惡」的力量，心念感召著愛情

魔鬼再度找上門，舞出錯亂難看的愛慾舞曲。

珍妮佛因芳再度來諮詢，以開玩笑的口吻對她說：「希望你不要再有第三次的類似情境來諮詢了，再來要打屁股喔！老天爺已明白的向你顯示人慾才是造就天威的元凶，而這也是靈魂透過天威，逼你要邁向心靈成長的靈魂洗滌霹靂呼喚，聽的懂這呼喚，良知的善就覺醒了，聽不懂這呼喚，被黑暗吞噬一點也不難！」諮詢其間，看得出來芳這次較明白個人星圖上的星曜能量之於心念是怎麼回事了，也懂得原來錯的不是外在的他人，是自己以為抓住愛與慾的狂潮，生命就可得到滋養的謬誤害了自己。

親愛的，像芳這樣的個案其實很多，相較於媒體上所聽聞的駭人驚俗爛戲碼或醜陋不堪的情愛糾葛歹戲，芳只不過是紅塵俗世裡的一個愛慾投射演出者，難能可貴的是她懂得在走上愛的歧路時回頭省視自己，找出讓自己在愛慾裡痛苦的原因是什麼，願意誠實的接納是自己對愛慾的貪癡就造出情愛的不堪，只要心念一轉，終能走出黑暗本應吞噬的良知，擺脫情愛魔鬼的試煉。

親愛的，如果你現在所面對的愛，一樣是不倫情節上演中，是不是該回頭省視呢？別再自欺欺人任性的配合慾望演出了！

命運計時器

不能躲避的恩賜或考驗

　　很想斬斷外遇激情與前妻重修舊好的明，無意間在網路上看到珍妮佛的文章，當下預約占星諮商，想透過個人星圖的觀照來了解自己的現況、可能的未來、解套的空間。依約前來的明看起來溫柔、浪漫、略帶時髦感，是個稱得上有異性緣的七年級生，靦腆地說著自己的現況，漂亮的眼睛止不住的滑下男人的淚水。珍妮佛透過星圖知道眼前的他，懊惱著自己怎麼如此不經意地讓真心愛他的妻子離去，因一段短暫的外遇而賠上了婚姻解體的代價，自責不已的明在妻子簽字離婚後的半年來，過著有氣無力的日子，心不在焉像遊魂般地擺盪在虛空與混亂的情緒低谷。

　　珍妮佛告訴明，千萬別過於自責，過去的就讓它過去吧！以他的星圖本命冥王星天平座三合火星雙子座所落入的星宮，本就容易在情慾的世界投入生命潛藏的激情；天王星天平座正刑金星魔羯座，也容易讓他演出無意識的情愛騷動。當流年木星進天平座、行運土星在巨蟹座與本命冥王、天王、金星所構成的T-Square刑剋相位，引動時必是先嚐了一段冥火三合的熾熱情慾，而後引爆出金星落入家庭宮的家庭解體地雷。這種本命三王星—天王星、海王星、冥王星與內行星—金星、火星所構成的相位，對他來說，是一種平日不易察覺的能量，待流年行運的外

行星引動出事件後，他才會明白：喔！My God！玩不起也惹不起呀！

　　珍妮佛開導明，了解何以闖禍、禍肇於己後，最重要的是展望未來。如何從自責與懊惱的情緒中走出來？明白自身金星在魔羯落入家庭宮要學習的即是成熟穩健的愛，唯有自己有能力在生活中落實成熟與負責的愛，方能享有來自婚姻的家庭之愛，也一定會有個伴侶願意與他共築家庭之愛的城堡。對珍妮佛來說，明的長相、談吐與氣質，以及個人星圖，在在都顯示出情字這條路明絕不會寂寞。大明多歲的珍妮佛，以姐姐的心情一再鼓勵他，惡運與低潮會過去，在惡運中的鬱悶即是淬煉他學習成熟之愛的動力，千萬別被土星進獅子（94/7/17起）即將引動的情緒低潮給吞噬了，勇敢地活在當下才能迎接惡運之後的光明。

　　明的故事，再一次印證著命運計時器的啟動之於當事人的創傷與懊悔，同樣的，命運計時器也會在幾年後送給明璀璨的事業、豐盛的感情。只要明能夠從這次的創痛中學會珍惜真愛，老天爺不會斬斷他本應享有的情愛幸福機緣。明的人生如此，你我的際遇不也如此嗎？

沉睡的才華

喚醒它、展現它

　　每個人都有些獨特的才華，只是你我往往把才華的定義侷限於自己認定的標準，或以社會世俗的眼光來框住才華應該是什麼？以致於常常我們讓天賦的才華沉睡不起、蒙塵於不知道自己的才華為何物的遺憾與失落。

　　飛是珍妮佛朋友中相當有手藝才華的單身女子，前陣子失聯多年的我們再度碰面，她說：「過去的五年，我只是在混一個工作，換來換去的工作，對我來說只是賺點銀子、滿足我想旅行、玩樂的消費，一晃五年也沒存什麼錢，說來真是浪費青春！現在的我可樂了，因為半年多來才藝教室的教學工作，在教與被教之間玩遍各式各樣的藝術創作品，在不同的材質間做各種可以想得到的作品，工作跟在玩簡直沒兩樣！

　　巧合的是沒過幾天，坐在珍妮佛諮商室的茉訴說著她有多麼不喜歡眼前的工作，身為老師的她覺得現在教書的地點離家超遠，所教的科目雖勝任有餘但卻不真正喜歡，雖然自己在校長眼中其實算是教得不錯，但她就是很想換個學校、換個科目來轉換目前的苦悶，沒想到當與校方申請調職時卻是困難重重，面對這樣的情境快悶死了，再不找人說說、了解有無轉換的機會，情緒上撐不下去了！

　　看著茉的星圖，珍妮佛說：「問題的焦點其實並不在於你表相認知的換學校、換科目，真正能夠讓你生活的快樂的事，在於你怎麼樣充份發揮出生命中沉睡已久的手工藝才華，只有透過立體的、動手去做的藝術創作，不論是捏陶、寶石焊接、繪畫、雕刻、電腦動畫繪圖、園藝……等，這一類可以運用天賦美感與雙手創作的立體呈現，才是本命星曜聚集在五宮土象星座且吉相的能量演出，雖說教書的工作已經符合部份的教學表演能量，但要讓自己活得快樂的羅馬大道，不限於學校這個場域，更有生活中自己可以去滿足創作才華、實現創作生活樂趣的領域。」

　　珍妮佛順道提起友人飛的例子與茉分享，原本鬱悶透的茉終於笑了出來，很開心本就擅長且喜歡東做做、西玩玩各式玩意兒的她，透過星圖的觀照與諮詢的參與，再一次的證實與肯定了自己的創作才華，更看到了在教書之餘可以實現才華的才藝領域，心想哪一天如果真的放下了公務員的教職工作，依然可以在民間補教業者或才藝教室一展所長，不用擔心沒錢賺、才華無處展現。

　　解開心結後的茉變得很健談，茉說她是透過網路朋友的推介得知珍妮佛的占星諮詢服務，原本她是不太相信占星諮詢這玩意兒，抱著姑且試試看的心情前來，沒想到經過我對她星圖解析下的個性分析、現況描述、未來預估，她覺得占星諮詢好有意思喔！

還要再深造嗎？

成長之鑰在你手中

　　翠在網路上無意間看了珍妮佛的電子報，目前工作正來到徬徨瓶頸處的她很快的透過e-mail與珍妮佛預約占星諮詢，翠的出生星圖一看即知是個會讀書、且利於在醫療科學方面，透過實驗的探索或發現來實現此生天命的人，而這份成就卻需建構於翠自身長期的努力方能達成。目前已是碩士的翠，求學路上的自我要求讓她在護校畢業後再攻讀大學到研究所。

　　研讀碩士後的翠的確如願以償的做了一份具研究性與實驗性的研發工作，這份工作一做七年，七年來翠很安於這樣的環境，雖無富貴但日子也算平安自在。怎知，從去年起，翠的工作籠罩在幽微迷離的氣氛裡，工作可能不保的陰影若隱若現的威脅著喜歡安定的翠。翠很無助、很徬徨，甚至很害怕曲終人散的那一天。透過翠的個人星圖觀照，事實上，翠目前的工作符合個人天賦專長與工作能量的演出，行運天王星對相本命事業宮火星與太陽的衝擊力道，的確讓翠招架不住這即將來臨的生涯龍捲風。

　　珍妮佛告訴翠：「人生有時候現在看似災難的恐懼，其實是造物主幫我們開另一扇窗的霹靂手段，是關了門的打烊或開了門的再造新機，就看你我如何在一念之間轉換。本命有如此天賦

的你，怎知這不是生命督促你往更高層次的學術生涯發展的訊息呢？拋開安逸於穩定的心態吧！莫辜負了水星獅子在9宮六分相土星雙子、天王星天平的天賦禮物呀！對有些人來說，就算想繼續深造也不見得能夠如願以償呢！當你透過長時間的努力與鍛造掙來的博士光環，是誰也拿不走的世俗成就，不是嗎？與其把希望寄託在外在的人與事，不如求自己來得快些！」

翠的上升人馬，巧的是又合相木星，這樣的人本就是個終生學習型的好料子，若放著人馬的理想束之於高閣，人生必然始終有不夠彰顯的危機。上升所主導的靈魂要往人馬高層次學問發展的渴求，當然不滿意於現況的安逸呀！眼前的生涯危機雖說是行運天王帶動的，待行運天王離開與火星與太陽的剋相後，危機會過去，但若不就靈魂的本質來提升，待流年行運再次引動時，工作生涯的危機仍再起。

親愛的，這個案例告訴你我，生命自會督促你我往更好、更宏觀的層次與境界發展，生命會透過外來的人與事之危機來逼迫我們轉變，轉變讓我們害怕與恐懼，但若能正視害怕與恐懼，以自由意志來超越它，某種程度來說，你我將活出更好、更廣大的自己。成長之鑰始終在你我手中喔！

靈性考驗

看不見的生命主人之學習

當韓良露老師教導的人際占星課程來到了尾聲，課堂上傳授的內容土星—我們這一世必須面對的累世關係的業力課題及今生作為所造就的業、天王星—我們可以在關係中當下抉擇的意念、海王星—宿世未完成的關係在這一世期待完成、冥王星—過去世已完成的關係而今生再續的靈魂進化或沉淪，精彩極了！學員們無不摒息靜氣的聆聽這攸關個人靈魂成長與進化提升的占星菁華教導。

韓老師語重心長的說：「所有星圖上我們與他人形成的土、天、海、冥相位，都是宿世靈魂選擇的今生業力演出，也都是我們在今生可以透過靈性修為的人際關係道場考驗，而個人的靈性修為最後都會回到自身星圖的修煉。土、天、海、冥的人際相位是超越個人意志的宇宙意識咒語，非個人可以量身訂作的取巧或逃避。人際間的互動若能真正學到與宇宙意識的咒語共存，則較能客觀的不陷入星曜能量的影響，懂得在生命中視宇宙意識咒語啟動的麻煩與災難為人生重要的靈魂課題，雖說靈性進化的程度不是外人可以打分數的評比，但個人是有能力因修為而超越現實，這就是修行人說心意變了，現象界就跟著變了的真正意涵。」

親愛的，如果你對佛家所說的修行有些體悟，想必你也必然深刻的同意占星學殊途同歸的靈性詮釋吧！而如果你還很年輕，也許你會覺得這段話是珍妮佛在賣弄著一些虛無的靈魂話題吧！不管你懂不懂，別先排斥它，就當它是個常識吧！

巧的是，就在上課的內容與靈魂業力的演出有關時，珍妮佛占星諮詢的個案再度前來，關切的主題正與靈魂業力的事件演出有著同步謀合性。企業雇主的玉，因僱用的員工開車肇禍過失，事件雖非玉個人的作為，但身為雇主的她卻必須面對員工肇禍的法律與賠償問題。面對這重大的事件，有的雇主可以選擇擺爛，反正禍不是我闖的，意思意思的打發就可以了，甚至可以直接把問題丟給闖禍的員工，但對玉來說，這不是她身為雇主的良心可以的選擇。事發至今，玉的態度明確而誠懇，她清楚的明白扛起這個良心與道義的責任是她必須面對的重大人生考驗。

只是玉想知道，這麼重大的事件之所以發生，背後有沒有業力的因果關係呢？有什麼重要的靈魂意義是她要學習的呢？當珍妮佛把玉的星圖與闖禍的員工合盤，合盤的訊息清楚的指向了土星宿世債權與債務的課題。身為土星債權人的員工以非蓄意闖禍的過失事件，在行運土星剋相本命土星時演出，土星債權人的自己因衰運闖了禍，但卻間接造成債務人雇主必須面對的法律理賠；另身為前世未了關係的海王星員工，找上了冥王星的雇主，讓雇主必須以重大的精神與金錢耗損來完成這一段前世未了的關係。這一段事件背後最重要的意義，更顯現在員工的土星三合雇主的冥王星。表相是帶來重大衰事的理賠，但若雇主真能心甘情

願的慈悲面對，扛起員工闖禍的責任與道義，那麼雇主在這一世透過這個倒楣事所學習到的課程，就是透過人性以最深沉、最隱藏的金錢與權力間的操控欲望之釋放，來進行靈魂的轉化與提升。

親愛的，坊間有許多通靈或前世今生的書，內容與這一類的情節事件雷同，但那些書上所提的觀點往往過於世俗化，甚至是以買功德的方式來暗示或明示讀者行善，或接受倒楣衰事是累世業障的宿命償還。但珍妮佛以為看待這類的情事，若能以更高層次的靈魂課題來接納，明白生命的存在不只是這一世，更有靈魂生生世世不滅的過去與未來，能夠真正慈悲寬容的去償還，而不以買功德的有求於無形界的終究有所求，那才是真正的靈魂成長，才是真正的通過了人類最高的靈性考驗。

韓老師說：「占星諮詢是一種緣份，當諮詢師拋出靈性繡球給當事人，當事人能不能真正的承接，是一點也不能勉強的。而當事人靈性的成長也不是外人可以打分數的評比，重要的意義在於當事人內心深處會因靈性的成長而有內在的呼應，而這內在的呼應對當事人來說才是最寶貴的心靈資產。」

親愛的，占星學的深邃與意涵遠比坊間普羅大眾搞笑或娛樂所能涵蓋的，當你真正有心面對個人星圖時，請記得找一個能夠幫助你看清星圖上的物質層面、心理層面與靈魂層面的諮詢師，免得生命的意義與價值被扁平化於物質了，這一生最重要的生命主體—靈魂，才是我們來到地球修道院最重要的主人喔！但如果你覺得這是打高空的論調，珍妮佛也尊重你的想法！一切隨緣！

此生最終的學習
面對死亡

　　死亡的感受是什麼呢？這應是造物主給每一個來到地球修道的肉身主人最終的學習，沒到那最終的一刻，沒有人知道那終極的過程與感受是什麼？對靈魂來說，死亡是一個肉身載具搭乘的終點，也是回到靈魂天家選擇下一世生命劇本的過渡，但對活著的肉身主人來說，面對死亡的去接近死亡卻是一個極為不易的生命終極學習。

　　抗癌部落格http://www.wretch.cc/blog/nicklink的生命鬥士、商週出版著作《生命北風北》的主角Nick在95/10/4早上05.45走了！對於Nick的死亡，珍妮佛的感觸是：「Nick在世間受苦的靈魂終於解脫了！這一世本命星圖冥王獅子剋土星天蠍的功課了了！Nick從醫生宣佈只有三個月可活的肝癌末期，到以超強意志力來抗癌而奇蹟式的多活了二年，以最後的生命為關愛他的妻子、家人、朋友而活的Nick最終圓滿的完成所有他該做的、能做的了！」，其中讓珍妮佛最為感動的是：忍住癌末身體崩解劇痛的Nick竟撐到行運月亮寶瓶進入夫妻宮對相本命冥王獅子的最後一刻，才結束最後一口氣，以天時已到、不得不離開他最摯愛、也覺得此生最為虧欠的妻子。唉！天意難違，但他真的已盡力了！

　　Nick是珍妮佛的姻親，看著Nick從得知生命已到肝癌末期到

歷經無數大小開刀、療法、及在主耶穌的信仰中找到生命的救贖，非基督徒的珍妮佛，感受Nick最終是以精神的力量超越了身體的病痛與靈魂業力的殘酷衝撞，縱然肉身以非一般身體健康的人可以想像的劇烈疼痛在折磨著，但一絲絲的精神曙光卻以無比的生命張力支撐著。若非Nick以超強的精神力量來苦撐得到神賜的恩寵，若無妻子全然愛的陪伴與守護，Nick怎能完成奇蹟的抗癌兩年呢？

當兩年多前得知Nick已被醫生宣佈肝癌末期時，生命被驟然宣判離死亡大概只有3個月的生命，珍妮佛看到的星圖是一個活生生的殘酷對應，凱龍寶瓶在6宮對相12宮的太陽與天王獅子，靈魂以無常的致命疾病來勢洶洶的演出冥土刑在今生的業報相位，無奈的生命至痛從那一時刻起即以身體的各式襲擊與器官組織的毀壞來顯現，《生命北風北》書本裡所述說的生命過往大小精彩災難坑洞事，對照於抗癌的過程，竟顯得那樣的微小與往事已矣了！

Nick抗癌期間，珍妮佛偶爾到醫院探望他，無需忌諱的與他談癌症進度、說靈魂課題，與一般探病安慰的說些非關疾病事，截然不同，在他身上看到殘存的生命正堅強的對抗著星圖上的冥土刑及凱龍對相太陽的生命肆虐，以抗癌的心路歷程透過部落格的文章分享來鼓舞網路上不相識的癌症患友，以虔敬且謙卑的心面對宗教信仰的主耶穌，在靈性進展與提升的道途上，勇敢且堅定的活出許多癌末不可能的生命奇蹟。珍妮佛也看到Nick的妻子（我的小姑）以細膩照顧的守候演出Nick星圖上的金海三合得靈

魂伴侶的相愛相守，整整兩年多的日子，每一次的接觸，心頭湧上的總是說不出的感觸。

在占星研修過程中，透過占星知識理解了知識層面的命運，透過諮詢個案的故事印證無數占星學理，但以如此近距離的方式參與著星圖主人面對死亡的衝擊，卻是頭一回。看到一個讓人尊敬的個體生命在面對接近死亡的學習與參與，在知道生命已離死亡終究不遠、不知可活到那一天，但卻真心全意的珍惜每一個可以活著的今天、仰望每一個可能的明天，不放棄任何一個治療的療程或手術，以自由意志的無所懼、無所怨的態度而依著上天的旨意活著，著實令人感佩！

現在，Nick走了，從靈魂進化的腳步算是了了今生靈魂的業與債，而活著的妻子才是最為傷痛的人。願Nick的妻子（我的小姑）能夠在喪夫之慟中，好好的為自己活出與Nick一樣勇敢的生命。

僅以《光的課程》：「做為一個存在，你不曾死亡，不曾失落，你只是探索著蛻變與轉化。」哀悼肉體離開人世的Nick，願Nick離開人世的靈魂在天家，自在安詳的看今生，許一個信望愛的來生。

第三篇

塔羅諮詢分享

王蓮曄心靈畫作—歡樂

為分手來諮詢的女人

覺醒

　　珍妮佛身心靈諮詢工作裡，一路結緣著許多素不相識的當事人。其中不乏在生活中遇到了困難、心裡徬徨的自動上網搜尋者，在電腦螢幕前瞬間偶然的機緣裡感知珍妮佛的占星、塔羅、Aura-Soma靈性彩油身心靈諮詢服務，是他（她）可以求助的對象，而自然的與珍妮佛諮詢室搭上線。

　　每一個前來的當事人，各自帶著不同的人生課題與考驗，有意識清晰的知道自身的問題在哪裡，諮詢動機在於透過「知命」的了解，更加肯定自我的意識感知，以決定下一步何去何從；有迷惘困惑至極的不知道問題出在那兒，想透過命運的訊息找出活下去的勇氣與希望；有明知問題在那裡卻鴕鳥的自欺欺人者，想窺探命運裡有沒有奇蹟訊息可解套，為自己的荒腔走板來個合理化的台階。各式各樣的當事人，讓珍妮佛接觸著不同人性裡的自信光明或貪瞋癡疑慢。

　　遇上了靈性覺醒高、諮詢誠意夠、頭腦也清晰的當事人，珍妮佛很自然的可以在諮詢解說裡感受一股順暢的溝通能量流動著，自然的願意多說一些、甚至提供一些延伸的免費服務。當已婚的諮詢當事人裴在諮詢過程中，因珍妮佛問及過往一年有無遇到情感的困難事兒？而自動的說出自己陷入外遇的分手困難時，

83

　　珍妮佛馬上意識到分手這件事的困難才是今天諮詢的重頭戲，其它的事，其急迫性與麻煩性都趕不上想掙脫婚外情的枷鎖。同為已婚女人的同理心，珍妮佛自動的在諮詢過程中，攤開塔羅牌，請斐自己洗牌的切入核心問題，看看斐自己的高等自我將給她什麼訊息。

　　第一張牌逆位Star指出現在的斐，很清楚的知道外遇情感關係已來到索然無味的階段，已陷入世間男女情愛的陳腐模式，除了庸俗看不出未來有何希望。第二張牌Magus逆位指出外遇的對象，現在是有理講不清的無法溝通，對斐已清楚表態要分手的訊息完全置之不理。第三張牌顯示兩人若繼續下去，只有受制於操控權一手攬的皇帝，斐將難以掙脫外遇對象的掌控。第四張牌說：「只有斐自己知道她要的世界是什麼？該如何分手取決於她對分手這件事情的態度與該有的中正立場。」第五張牌：「逆位的水公主暗示，如果不能堅守正道，外遇的結果終將如溫室花朵中的小女孩面對著陽光烈燄的燒烤。」

　　透過塔羅占卜的牌陣解析，回過頭繼續占星諮詢裡所看到的中年危機浪潮，珍妮佛告訴斐：「只有讓自己清晰的回歸到生活的正常軌道，才是面對婚姻、工作與生活得以走過中年危機浪潮的自我保護，唯有讓自己的生活與人際關係以最單純的方式出現，才是生命渡過中年危機一波波浪潮吞噬的救生圈。」離開時的斐滿心感謝珍妮佛讓她在占星諮詢裡，額外的得到塔羅占卜的免費服務。

為愛來占卜的男孩

問愛情何時來？

　　「塔羅問事」是珍妮佛身心靈諮詢工作裡，簡捷有效的直接切入法，對就特定事項有所疑惑的當事人來說，是個超方便的選擇，一來諮詢的面談時機具機動性、諮詢費用相對較低，二來仍可得到除塔羅占卜外，在個人星圖觀照到所問之事的趨勢現象解說，比起坊間只有單項的塔羅占卜，多了一樣占星工具來對照，呼應塔羅占卜所問之事的賺到啦！

　　當求愛的男孩Jack來預約塔羅問事時，Jack有趣的在e-mail裡寫著：「我想知道愛情何時何地會發生？我要預約塔羅占卜。」珍妮佛幽默的回應：「你應該這樣問：今年的我在愛情這個主題，我會經歷什麼樣的經驗？至於何時愛情來呢？可透過你的個人星圖幫你找出在台灣的你愛情出現的時間點。」

　　當Jack入坐時，看得出來Jack對未知天意既期待又怕受傷害，因為喝著茶的Jack笑得正靦腆。對珍妮佛來說，眼前的年輕小伙子就像鄰家弟弟一樣，初入社會大門、對愛情充滿了嚮往與企盼。當珍妮佛簡易的就Jack近期的愛情相位及何時可有重要情愛關係描述時，Jack漸漸打開心房，茶喝完了、也準備好進入愛情諮詢的主題。

　　當Jack恭敬洗牌的從22張偉特牌抽出1張今天要問的愛情主題

將會經歷什麼時，竟然是戀人lover逆位牌領軍，牌義一語道破雖期待愛情但天時未到也！與星圖上的情愛訊息現況完全吻合。接下來，Jack在珍妮佛指引下分別抽出六張牌，偉特牌告訴Jack：「高塔牌說面對愛情樓閣的崩落，在於自己太過於想掌控，但卻不能如願的當個皇帝，追求的女孩像個逆位的女教皇一樣，冰冷且封閉的不願讓他進入愛情寶殿，他現在需要的是找回力量牌裡所顯示的內在自信與生活熱情，勇敢的去面對魔鬼牌所指的愛情慾望與貪求企盼，只要能超越這些心魔的自我設限，愛情自然會像審判牌所指的在它應該出現時順利到來。」

珍妮佛知道這樣的牌義，對Jack來說，黯然咧！為了給Jack打氣，珍妮佛讓Jack試一個有趣的愛情大哉問牌陣。第一張牌是Jack知道、別人也知道的，第二張牌是Jack不知道但別人知道的，第三張牌是Jack自己心裡有數但別人不知道的，第四張牌是只有老天才知道的終極秘密。

戰車Chariot說Jack是個愛情戰士，已蓄勢待發的穿上愛情盔甲的站上戰車，準備好擄獲愛情城堡中的公主。但Jack並不知道自己的求愛盲點竟是錢幣八逆位Productivity的社經歷練不夠、口袋的錢與腦袋的智慧還不夠飽滿，或對愛情的耕耘深度也不夠啦！有趣的是雖然Jack清楚的知道，愛情只是愚人般Fool心情，初入社會想探索的人生旅程之一，他並不想因為愛背負太多的社會束縛。但權杖五逆位Practice的老天爺說：「Jack呀！年輕人你還需要多加演練才能上陣愛情的戰場喔！」

馬拉松競賽

土星的修煉

　　蕊是珍妮佛諮詢個案中的高級知識份子，前一次的諮詢焦點在於她放不下的情感，在她的blog裡珍妮佛看到她諮詢不久後寫的《閉關》，得知這陣子的她正陷於博士論文修改的膠著裡，與指導教授間的互動不盡順暢的前提，使得她卡在不知如何下手再次修改早已完成的論文內容，過往五年來努力追尋的桂冠，眼看就差最後一步了，但不知怎的就是覺得這一步特別的提不起勁來跨出去，心知肚明只差一步博士的桂冠就到手了、只要耐著性子的尋回過往的奮鬥意志，就可突破這最後的關卡，但就是難耶！

　　看完文章的珍妮佛簡短的回應：「克服與進入生命中應有的土星修煉，也就是在責任中淬煉自己、成就自己，因承擔而擺脫，這個道理聰慧的你，懂吧！」沒多久，蕊再次的與珍妮佛預約讓她煩悶不已的博士論文諮詢。

　　珍妮佛知道這樣的當事人，需要的是信心與鼓舞。除了透過個人星圖上有利的訊息來指引外，更讓她透過那個屬於她自己的「高層自我」來與她對話，當塔羅牌陣攤開來，蕊的高層自我隱藏於塔羅牌裡的牌義，誠實且直指核心的告訴她：「當個完成知識整合的魔術師，就是她當下的困難。」

　　圍繞著「魔術師」的第一張牌戰車，直指蕊是個富有戰鬥力的心靈鬥士，很清楚的知道當下與未來要奮鬥的目標與需要克服的障礙在那裡。第二張牌所屬的資源，逆位的「死神」明白道出當下的蕊，正處於過往已逝，前景未明的停滯期，博士論文的完成卡在一灘死水裡漸進腐臭。第三張牌所屬的直覺牌逆位的「隱士」，告訴蕊不要再封閉於過度分析的頭腦，拿出壓抑的女性直覺與感情，才不會孤隱於市的陷入困境。第四張牌的感覺「戀人」，指出在感覺上蕊知道要完成博士論文，需要的是與指導教授間的情誼互動，付出情誼才能活絡溝通的死水。第五張牌的表演世界，「教皇」牌指出蕊應求教於指導教授或更高層級的上位者來協助，甚至是透過相信天意的信仰，明白精神層面的信任即是完成博士論文的最高信心活泉。第六張牌的「太陽」，指出如果蕊能一步步的克服跳開一灘死水的停滯，能夠友善的與指導教授互動，願意相信上位者與天意的支持，博士的桂冠光環將如同太陽一般的閃爍明亮。

　　珍妮佛告訴蕊：「塔羅牌陣的主牌『魔術師』是她要經歷的主題，而要完成像魔術師變把戲的搏得滿堂彩，六張牌分別解析的就是她的高層自我要指導她的方向啦！頭腦會說謊、會逃避，但塔羅所揭示的高層自我可是誠實的很咧！」看著牌陣，蕊笑開了！透過珍妮佛的牌義解析，蕊發現自己的心意底層一一被說出來了！

塔羅牌看愛人的樣兒

精彩極了！

　　愛人是什麼？不就是處於愛情狀態裡的人兒，是個什麼樣的人。從你的角度來說，正是那個讓你笑、也讓你哭的人，面對愛情的風貌將如何？想知道以塔羅牌的角度如何透視愛人的風貌嗎？

　　愚者Fool型的愛人，愛情像冒險，一邊把玩腳下的探險風光，一邊繼續探索下一個景點的迷人處，不願受束縛、也不想計劃未來，享受當下愛的感覺就是囉！

　　魔術師Magus型的愛人，好相處、善溝通、文采風流多，沒有兩把刷子難與之匹配咧！

　　女帝Empress型的愛人，風華正盛、性感魅力、翩翩迷人樣，約會時除了打扮入時的美貌（帥氣）外，可也要有麵包的排場才相稱咧！

　　皇帝Emperor型的愛人，保守頑固、大女人（大男人）只要別人臣服的權威型愛人，不想當爸爸的小女兒、媽咪的小情人的你，閃吧！

　　法皇Hierophant型的愛人，兩人的交往是談戀愛的談情說愛或上教堂聽愛的福音呢？太柏拉圖之愛啦！

　　戀人Lover型的愛人，愛的路上相知又相惜，我的愛情只為你而美麗，我的情慾只為你而敞開！

　　戰車Chariot型的愛人，愛是情感的付出，情是身體力行的照顧，不怎麼浪漫但很負責咧！

　　列舉七張塔羅大牌的牌義來看愛人的風貌，很好玩吧！塔羅精彩的地方在於共有大小塔羅78張牌，牌面的正位與逆位又各有不同的意涵，若以78張*2=156張牌義看來，愛人的樣兒可有156種耶！當然這其中會有某些相似處中有相異、相異處中有相似的元素。而怎麼分辨這細微的同異處，就看牌陣間的起承轉合與解牌陣時的靈感喔！

　　逆位的愚者是個裝傻的情人，雖是個玩愛情遊戲的伊，除非你是個死心眼的愛情抓住狂，通常你不會太討厭他（她）；逆位的魔術師是個愛你在心口難開的癡情型愛人，不善言辭、自覺條件不夠的他（她）對你的愛就是開不了口嘛！遇到逆位的女帝型愛人，可把你給操死了，滿足他（她）的物欲、感官享樂可是很花錢的喔！逆位的皇帝型愛人，很可怕咧！死纏爛打、一廂情願的要將你納入私人收藏，一旦你成為他（她）的私人收藏，喪失人權是跑不掉的惡夢一場！逆位的法皇型愛人，一點也聽不進去你對他（她）說的話，兩人簡直是雞同鴨講的談不通啦！逆位的戀人，反反覆覆的讓你搞不清楚他（她）到底要怎樣，欲斷還亂、遲疑擺盪的讓你墜入愛的五里霧；逆位的戰車型戀人，執著於他（她）想要的目標，不惜大義滅親的犧牲了你，讓你徒乎負負也！

　　想知道愛人的風貌嗎？與珍妮佛預約來個塔羅愛情占卜吧！

十個錢幣掉下來

撿或不撿呢？

　　對塔羅牌略有認知的朋友，覺得塔羅牌小牌錢幣十的逆位，像不像十個錢幣掉下來呢？當塔羅占卜問工作的可能發展，出現的是這張逆位錢幣十時，心情會如何呢？

　　有趣極了的問題呀！把金錢視為工作轉換最高價值的當事人，若抽到的是這張十個錢幣掉下來的塔羅小牌，可別以為滿坑滿谷的錢將把你給淹沒了，可以自在的置身錢堆裡打滾喔！相反的，塔羅牌要提醒當事人的是：錢是很多啦！但你不見得可以扛得動咧！你所面對的可能是個家大業大的財團型企業，雖是財大氣粗的大手筆對待，但你不見得有這個能力去應對這個體大難起、繁文縟節的沉重包袱呢！追求功成名就的代價，或許你要付出的是沒有隱私、動見觀瞻的枷鎖喔！反之，對把技能學習視為工作轉換的必要條件之當事人來說，抽到這張10個錢幣掉下來的逆位小牌，反倒是鬆了一口氣的解脫了重利邀約的誘惑呢！

　　珍妮佛諮詢室裡，習慣以個人星圖的觀照＋塔羅牌陣的解析來服務再度諮詢的個案，個人星圖顯現的行運能量中透露著當事人面臨現況的心境與可能的行運；塔羅牌陣指出了當事人困惑焦點的隱喻性答案。貫穿兩者的解析，對當事人來說，得到的雖不是珍妮佛為他（她）做決定的答案，但當事人對應該的選擇、所問

問題的可能性是什麼，心裡相對坦然多了！

94年8月太陽在獅子月的珍妮佛諮詢室，對許多人來說，彷彿行運土星來撞擊似的魔咒被加大似的，煩心的問題一一出籠囉！與土星有關的責任承擔、能力打造、世俗成就的議題一個個浮出檯面，尤以職場上的轉換與機會選擇，最讓當事人徘徊與猶豫，巧合的是徘徊與猶豫正是行運木星仍在天平的能量呀！

珍妮佛慶幸自己在神秘學的領域內，鑽研兩樣不同的工具──占星與塔羅，龐大學理的占星可以幫助當事人明白自己的人生藍圖、生命潛能、行運趨勢，而簡便的塔羅牌占卜可以幫助當事人直指問題、理出頭緒。

十個錢幣掉下來，被錢給打到的滋味看似不錯，但侯門深似海，豪門的儀式、習氣與規矩，可不是出身平凡的你我可以輕易跨進去玩玩的大宅院呢！珍妮佛告訴前來二度諮詢的眉，只要能忠誠的不欺騙自己內在的感覺，忠於技能為先是職場轉換的前提，那麼錢再多的工作邀約就讓給真正需要以工作來賺錢的人吧！

塔羅體驗─豐盛

喜悅填滿心房

　　透過塔羅時間流陣牌占的一週運勢，珍妮佛預知週六將有個豐盛的日子，一週前小牌杯之三Abundance豐盛出現時，珍妮佛很好奇將是個怎樣的豐盛樣兒，猜想也許是週六一家人情感和樂的吃吃喝喝去，沒想到，這次的Abundance豐盛飽滿的歡娛出乎意外的棒透了，探天堂、泡湯樂的超級歡欣填滿了愉悅的周末。

　　長期在慈濟擔任志工的小姑，小孩皆已成年，平日除了奉獻心力給慈濟，愛心付出的對象當然是包括兄弟姐妹，尤其是珍妮佛踏入心靈諮詢服務業以來，透過星圖介面的交流，與小姑間有了更多自然而私密的貼心話情感，當小姑提議週六一起遊玩去，珍妮佛自然是滿心歡喜的期待著，塔羅小牌杯之三Abundance豐盛的一天開始囉！

　　識途老馬的小姑帶路，大夥們心情隨著愉悅的車程來到了烏來，進入慈濟師姐推薦的天堂鳥餐廳，這家精緻的花園餐廳，店如其名的恰是Bird of Paradise，雖是沿著河谷崖壁蓋的房子，哇！店門下樓進入後，一眼看過去青翠的河谷與山景盡在其中，輕飄的山嵐裊裊、河水潺潺，更襯著老闆精心設計的歐式鄉村餐廳風貌與美味西式佳餚，美呆了！一餐飯說說笑笑的足足混了2個多小時，留下滿頰留香、滿眼眷戀的天堂鳥記憶。珍妮佛心想下次一定要找先

生一起來，忙裡偷得浮生半日閒的享受人間小天堂兩人浪漫耶！

據說美麗的天堂鳥餐廳背後有個動人的愛情故事。原是華航飛行機師的老闆，足跡飛遍全世界的他總習慣在飛回台北時與愛妻相約於外用餐，怎知就在他期待著與妻子相聚的那晚，妻子白天喜孜孜的想外出買點東西等先生回來，卻意外的遇上了奪命死神，車禍命喪家門巷口，香消玉殞獨留錯愕與不能接受的他，消沉的他發現痛失愛妻的傷痛始終縈繞不去，讓他再也無法專心開飛機，毅然的放下華航飛行機師優渥的高薪，轉進烏來山林中築夢人間天堂。機師在這裡療傷止痛的許自己一個新的人生，把昔日吃遍異國美食的記憶，轉換成一道道親手做的西式佳餚，流暢且優雅的端上餐桌，結緣來此一遊的客人，而生命也讓他再次的擁抱另一段開始的親密關係。

接下來一夥人驅車直上烏來山頭的雲頂溫泉會館泡湯去，佔盡山光水色與地利之景的雲頂，各式冷熱互異、茅草搭頂的露天泡湯池座落在一眼望去綠油油的花草樹叢間，泡膩了還可隨意轉換烤箱或蒸氣浴，很快的三小時輕鬆忘憂的過去了，超棒的不知人間俗物事的美好境界耶！

塔羅杯之三Abundance豐盛，I love you，I wish you love all my readers too.

自我解放

逆位惡魔

　　諮詢個案請珍妮佛以塔羅占卜來問工作上何去何從？攤開牌陣，當事人現在的工作處境出現的是逆位的魔鬼，珍妮佛感到震撼的是工作處境中的逆位魔鬼，倒不是魔鬼字義上的可怕，而是以當事人所描述的惡劣處境，逆位魔鬼對應當事人的心境轉折，真的是歷經了見山不是山，又回到見山仍是山的超越與擺脫。

　　塔羅牌大小牌共78張，每一張牌都有它原型上的意義與徵象，除了要熟記牌義外，選擇排牌陣前對諮詢當事人問題的瞭解需先做初步掌握再決定牌陣，是珍妮佛的塔羅占卜原則，當然，如何就牌陣間的牌義串聯與起承轉合對應於當事人的問題，釐清喻意與切入重點核心，考驗著珍妮佛對塔羅牌占卜運用的流暢性與靈光乍現的靈感。

　　珍妮佛為何對這個牌陣的逆位魔鬼特別有感應呢？因為當事人反覆天人交戰的掙扎，是要現在就放掉這根狗骨頭呢？眼看著工作了無新意，前（錢）途兩相茫然，面對工作環境中惡質的文化與荒謬異常的官僚管理，再待下去真的只是浪費生命青春，青春的腳步已在過往的遲疑中悄悄的流逝了，再不離開，難道就要這樣的被時間給吞噬了嗎？

　　逆位的魔鬼指的是是當事人終於可以面對惡魔般的恐懼，擁有了選擇留下或毅然離開的勇氣與自由，承認自己曾經經歷過的黑暗、脆弱、限制與需要，學著與之共處，並找到解決的方法。對應於珍妮佛看過的書「恐懼的原型」（台灣商務印書館出版弗里茲・李曼著），有四種，恐懼是1）認為把自己交出去就是失去自我與依賴，因而恐懼；2）認為做自己不太安全、太孤立，因而恐懼；3）害怕變化，視之為消逝與不可靠；4）害怕既定的事實，視之為終結與束縛。以恐懼來說，像不像心靈的魔鬼呢？而逆位的魔鬼是不是相反的擺脫了魔鬼的籠罩與壓迫呢？

　　見山不是山，山在黑暗中是一座高聳的龐然壓迫體，暗夜山裡的風吹草動足以牽動你我無邊無際的自我恐嚇，山在暗夜中，理智上雖然你知道那只是一座山，但心靈上的感受卻覺得那是一座鬼魅幢幢的龐然壓迫物；見山是山，當黎明來臨的第一道陽光射進來時，你明白眼前真的只是一座山，一座沒有鬼魅的山。所以，藉著陽光的到來，你擁有了直接面對與擁抱恐懼的勇氣，藉由這一份勇氣，你給了自己選擇自由的自我解放。

　　親愛的，你害怕把自己放在新的工作崗位上嗎？你已太過熟悉與安逸於現況而不願改變嗎？你不敢承擔即將來臨的挑戰嗎？你已經被恐懼蹂躪到麻木不仁嗎？你不願意抬頭仰望外面的陽光嗎？你抗拒新的機會嗎？你執著於既有環境的依附嗎？一連串的為什麼，恐佈喔！請你一定要摸著熱熱的心，冷靜的回答自己。你就會體會什麼是逆位的魔鬼了。若因此明白了，恭喜你！You are on the way of freedom.

第四篇　Aura-Soma 諮詢分享

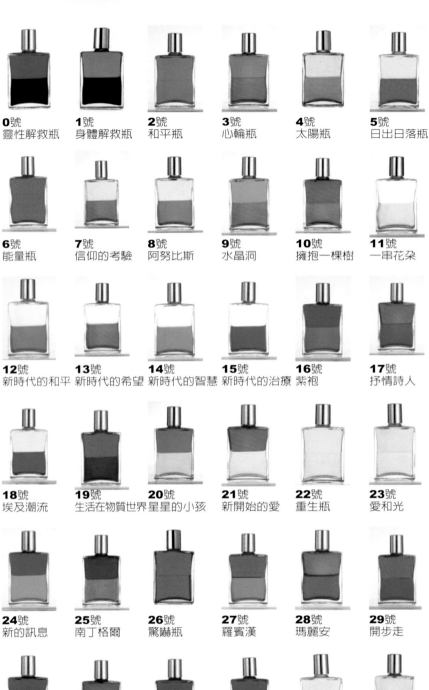

0號
靈性解救瓶

1號
身體解救瓶

2號
和平瓶

3號
心輪瓶

4號
太陽瓶

5號
日出日落瓶

6號
能量瓶

7號
信仰的考驗

8號
阿努比斯

9號
水晶洞

10號
擁抱一棵樹

11號
一串花朵

12號
新時代的和平

13號
新時代的希望

14號
新時代的智慧

15號
新時代的治療

16號
紫袍

17號
抒情詩人

18號
埃及潮流

19號
生活在物質世界

20號
星星的小孩

21號
新開始的愛

22號
重生瓶

23號
愛和光

24號
新的訊息

25號
南丁格爾

26號
驚嚇瓶

27號
羅賓漢

28號
瑪麗安

29號
開步走

30號
把天堂帶到人間泉源

31號
蘇菲亞

32號
海豚

33號
海豚

34號
維納斯的誕生

35號
仁慈

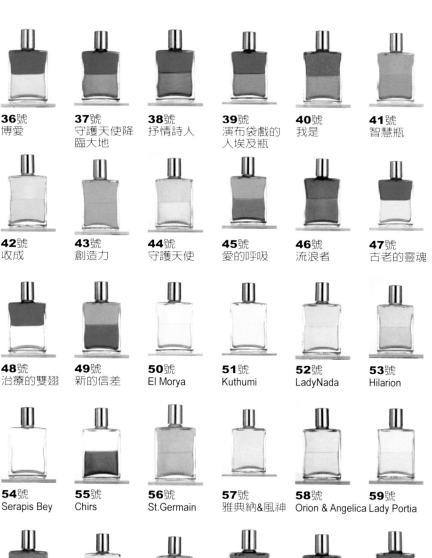

36號
博愛

37號
守護天使降
臨大地

38號
抒情詩人

39號
演布袋戲的
人埃及瓶

40號
我是

41號
智慧瓶

42號
收成

43號
創造力

44號
守護天使

45號
愛的呼吸

46號
流浪者

47號
古老的靈魂

48號
治療的雙翅

49號
新的信差

50號
El Morya

51號
Kuthumi

52號
LadyNada

53號
Hilarion

54號
Serapis Bey

55號
Chirs

56號
St.Germain

57號
雅典納&風神

58號
Orion & Angelica

59號
Lady Portia

60號
老子與觀音

61號
Sanat Kumara &
Lady Venus Kumara

62號
Maha Chohan

63號
Djwal Khul &
Hilarion

64號
Djwal Khul

65號
頭在天腳在地

66號
女演員

67號
神性的愛

68號
天使加百列

69號
響鈴

70號
燦爛的景象

71號
蓮花中的珠寶

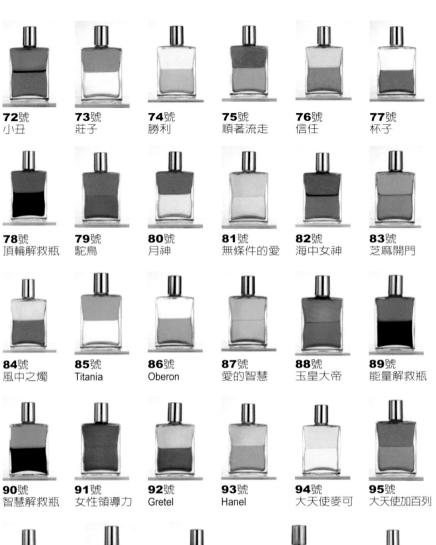

72號
小丑

73號
莊子

74號
勝利

75號
順著流走

76號
信任

77號
杯子

78號
頂輪解救瓶

79號
駝鳥

80號
月神

81號
無條件的愛

82號
海中女神

83號
芝麻開門

84號
風中之燭

85號
Titania

86號
Oberon

87號
愛的智慧

88號
玉皇大帝

89號
能量解救瓶

90號
智慧解救瓶

91號
女性領導力

92號
Gretel

93號
Hanel

94號
大天使麥可

95號
大天使加百列

96號
天使長拉斐爾

97號
大天使尤利爾

98號
和平瓶Sandalphan

99號
大天使長Tzadkiel

100號
大天使Metatron

101號
大天使Jophiel

102號
天使長Samael

103號
天使長Haniel

104號
天使長瑟米愛爾
chamael

105號
大天使愛瑟瑞爾

Aura-Soma簡介

　　Aura氛圍代表人人周遭的電磁場，許多通靈者看得到，嬰兒也看得到。Soma古希臘文意為身體，在印度Soma是一種神奇的飲料，能使靈魂陷入神聖的狂喜中。

　　1984年，通靈的英國維琪・渥爾女士在66歲雙眼失明時，接收到來自上天給予指導的Aura-Soma配方。奇蹟發生在晚上，維琪・渥爾把平日搜集的各式天然藥材，在家裡的小實驗室開始變魔術，做出連她也不知道這是什麼的彩色油瓶。上層物質是有色的油性液體，下層是另一種顏色的水性液體，搖動瓶子時，會暫時出現一種液體，水及油的成份各占一半，比例和驢奶相當，而埃及豔后就是用驢奶來洗澡，以保持肌膚的柔嫩美麗。

　　這種比例的乳劑最適合滲透肌膚，而且新誕生的物質不含人工的穩定劑（唯有如此，維琪・渥爾才能排列出各種組合），不會影響治療及振奮的功效。Aura-Soma平衡油的配方不但是在祈禱和靜心中誕生，而且這些配方似乎超越了一般的理解範圍，仿彿會喚醒人們長久以來被遺忘的東西。

　　於是，一種治療法誕生，叫做Aura-Soma。這套治療體系的名字是維琪・渥爾這位英國足科醫師兼藥劑師，在祈導和靜心中發現的。這種治療法包含106瓶的方形玻璃瓶（從0號到105號），每一瓶含有兩個不同顏色的液體。

第一瓶Aura-Soma平衡油誕生的同一年，維琪‧渥爾遇見麥可‧布斯。學過藝術與教育，當過長時期的畫家、製陶家、以及藝術課程的主任。他認識維琪時，是治療師，從事管理訓練。他看出Aura-Soma的體系的潛力，立刻改變了未來的生涯計劃，全心投入心力來發展Aura-Soma。

麥可‧布斯和維琪‧渥爾一樣擁有類似的治療與通靈能力，一方面維琪教導麥可如何製作Aura-Soma平衡油，他在現場目睹許多產品的誕生。他也貢獻同種療法、自然療法、通神論及佛教方面的知識。當維琪‧渥爾在1991年去世，從此麥可‧布斯一直領導及協調整個組織、生產及訓練計劃，和維琪一樣，麥可也依天意指導而製造出新配方。

今日Aura-Soma出現在大多數的歐洲國家，也遍佈以色列、南非、加拿大、美國、南美洲、澳洲、紐西蘭、日本及印度。從1984年以來，購買Aura-Soma產品的人數每人倍增。系列產品從平衡油開始，發展到「保護靈氣」及精油，廣為各年齡及各階層人士所使用。

能夠放開心胸、不被偏見所左右的人士，最能從Aura-Soma產品獲得立即而深遠的好處，直覺增強，似乎能掌握最深處的原始知識。在許多時候，他們比較容易拋棄陳舊的行為模式，採取新途徑。如果他們用「心」（而不是用頭腦）來選擇瓶子，而且定期適當使用，常常能改進生理及情緒的不適。然而，開始使用時通常會出現健康危機，動搖使用者的信心。和其它體系一樣（例如同種療法），Aura-Soma一定可以克服這個危機。身體和心靈真的能揚棄舊事物，迎接新事物。

透過祈禱和靜心所產生而能使人獲得自我認知及完整治療的系列產品，可以說是空前的創舉。畢竟，複雜的配方不但從天而降，而且源源不絕，這種概念的確很難理解。不過，開啟完整體系中治療與奧秘靈性層面所有秘密的過程，仍然熱切進行中。如果不斷想著：「Aura-Soma是奧秘不可解的東西」，因此心存懷疑，這樣的念頭其實是可以令人理解。而且，Aura-Soma的「平衡油」是受到天使神靈、微妙的人體及前世經驗所「啟發」，這並不是人人都能輕易接受的概念！

　　Aura-Soma平衡油中的色彩確實開啟人類震動之謎，而且能加以調和。對完整的個體有直接的影響，以非常柔和的方式影響人的靈性、心理、情緒及身體。Aura-Soma被形容為「不具干預性的靈性療法」。

　　時至今日，全球Aura-Soma的使用者超過一百萬人，有數千人受過特殊訓練。孩提時代的我們為選擇色彩而奮鬥不懈，願意冒大風險。在20世紀末的今天，已經成年的我們，有機會直探內在欲望的深處，不必冒著觸怒長輩的險，以一種比較精緻的方式選擇顏色。維琪‧渥爾認為Aura-Soma是「不斷成長的治療療法」，我們可以想像彩虹之旅將指向更高，更深遠的未知領域。

　　請繫好安全帶，準備出發！

註：Aura-Soma的介紹摘錄自神奇塔羅出版社出版艾玲‧黛莉喬&麥可‧布斯著/PIPASI &張瀲文譯的「靈性彩油」

註：Aura-Soma是不具干預性的靈魂治療法，非用於治療疾病，身體有病痛請循正統醫學就醫。

Aura-Soma與她的故事

神奇的對應著

　　95/7/8是珍妮佛與Monica一起主持《打開心靈與身體的結》課前說明會的第二場，把106瓶從9F的諮詢室搬到7F的教室，上上下下的功夫，若非為了讓來參加說明會的朋友，有機會親眼目睹Aura-Soma美麗的色彩魅力，及在色彩中所蘊含的情緒與靈魂狀態，坦白說，粉累耶！也許老天感知到我身體勞累的訊息，隔日e-mail裡來了一封振奮的分享信，看完信的珍妮佛，覺得辛苦是值得的，在無形中幫助與會的朋友經由色彩了解自己，開心呢！

　　與會的朋友信上說：「珍妮佛，色彩傳遞的訊息真的好奇妙，或許像妳所說，其實是高靈透過色彩這個媒介來傳遞訊息，昨天說明會之前先挑了一組彩油，妳問我是不是常跟老天說話？會啊！這是我多年來的習慣。

　　始終相信萬物皆有靈，在鄉下長大的我，從小就常常望著天空一直想雲層之上的事，也會看著波動的海水，一直想像著深入海面的世界，或隨著地面的光影移動出神，夜晚大家躺在庭院的空地，就可以看著天空的月亮跟星星（以前沒什麼光害，童年可以在鄉下成長真是幸運！」

　　「27歲那年，專業地位剛被認可沒多久，分手事件接踵而至，在短短不到24小時經歷事業高峰與感情低潮，深深感受到

人生唯一不變的就是無常，與無常共處成了人生要學習的功課，很高興老天爺在我童年給了金錢無常的課題，27歲時給了感情無常的課題，既然錢也有它的命，兩人間的緣分也有它的命！呵～～～」

「三十而立，雖已取得碩士及轉入公職，職場的表現也得到不錯的肯定，深思穩定的工作跟職場頭銜對我而言在其次，總覺得好像人生該走的路還是在別的地方，在當時服務的環境常有些莫名驅策著自己移動的力量，總覺得還有什麼任務或使命才是我該去尋找的，那時的我更常跟老天爺說：我已經準備好了！如果我此生真有什麼任務？請給我機會跟考驗吧！」

「我絕對相信老天爺聽到了，因緣際會有了兼職教課的機會，教學過程中得到的不只是上台經驗，更感動的是台下幾乎是年紀比我大上許多的在職生，多的是社會歷練比我豐富，甚至也有不錯的地位，何德何能！一個在他們眼中的年輕人，卻能得到他們的肯定及友誼。公職服務沒幾年便有了升遷機會，那是許多同事長久職涯都等不到的機緣，自己卻有幸成為首選，流言當然隨之流竄，低調的我只好更低調，中老年鬱鬱不得志而變得消沈的同事，個個成了我的鏡子，不想被捲入權力爭奪的醜陋局面，放下了別人稱羨的機會，轉換全新環境，一切歸零重新開始學習。」

「回顧過往，深感老天爺對自己的眷顧，所以內心常湧現無以名狀的幸福感，更明確自己有能力也要相對回饋出去，有趣的是，老天爺每每聽到後的回應，都是讓自己所面臨的壓力有增無

減，但也因為相信是老天爺在安排，也就學習去接受磨練過程的百般滋味，相信唯有接受磨練及學習的過程，才能發揮此生的使命及任務，大家一起加油哦！」

親愛的，她選中的靈魂瓶是44號守護天使，靈療瓶是74號勝利，當下瓶是95號大天使加百列，未來瓶是104號大天使恰彌爾。對應的星圖是太陽與月亮金牛在12宮，1宮的土星金牛、5宮的冥王處女與9宮的火星魔羯大三合。生活現況是社工碩士、服務於政府社工單位，每天將自己奉獻給幫助他人走向療癒的美麗生命；靈魂困難於想學的知識與資訊太多（除了上班還排滿了語言與占星課程的學習），以至於留給自己的心靈空間太少，辦公室裡圍繞在身旁的人物太多，自我的工作空間太窄；當下正在經歷從小地方愛起，在智慧中成長；未來邁向靈魂本我是怎樣就將是怎樣的實現中。

親愛的，沒有選過Aura-Soma靈性彩油的、沒遇見過懂得解說彩油的顏色諮詢師，當然無法體會Aura-Soma的神奇，Aura-Soma之於每個人，如人飲水冷暖自知，如同大海中的魚永遠不知何為乾燥，只有進來的、用了它，才會明白宇宙高靈是以怎樣的方式在愛護著你。珍妮佛在選油與用油中感到喜悅洋溢，為他人諮詢解說也歡欣多多，個案來信分享感人無比，珍妮佛知道，分享它即是榮耀它。

成熟女人私密話

溫暖交流中

　　女人來到一定年紀後，人生閱歷與知識兩相淬煉出來的結果，通常會讓女人對命運的態度更加謙卑。謙卑反應的不完全是宿命的認命，而是對生命的本體─自我有了誠實的接納，對生命的際遇─命運的變遷有了天意不可違的尊重與臣服。

　　珍妮佛占星諮詢裡結緣著相當多這樣的女人。梅是由孝順的女兒安排前來諮詢的媽媽，當珍妮佛開口說了三句星盤的重點，梅的眼淚不聽使喚的在女兒與珍妮佛面前掉了下來。女兒從來不知母親心靈深處的怨懟與無奈原來藏得這麼深，也未曾感知在母親事業成就背後的重擔竟是如此沉重。一個多小時的諮詢談話裡，母親釋放了生命被理解的淚水，母親謝謝女兒為她安排占星諮詢的意義與價值勝過「算命」。早已為成熟女性的梅，命運這回事是怎麼早已了然於胸，她需要的不是「算命」，而是在這個地球上被人真正的了解，有個人能幫她說出長年埋藏在內心深層的痛苦與失落。

　　另一個企業家夫人湘，若不是透過占星星圖的對話，任誰也看不出頂著企業家夫人光環下的金錢憂慮與情緒綑綁。看似不愁吃穿、社交人脈活躍的湘，著實風光過以夫為貴的企業家夫人生活，先生為錢敬業與打拼的經營生活，至今也沒有桃色事件來干

擾婚姻，夫妻倆在事業的共同經營下感情與生活相扶持。但前幾年的事業低潮，讓一向以夫為貴的湘著實的嚐到命運的苦澀。事業從高峰墜入低谷的滋味生不如死、金錢的龐大壓力逼得家庭喘不過氣來，湘說：「她也不知道自己是怎樣撐過來的，但願這樣的際遇不要重來一次。她需要透過星圖來理解為何會有這一段經歷？爾後的她應如何面對命運可能的不同挑戰與功課？何時事業再起盛運？」。

透過占星星圖解析湘的「命」—性格原型、「運」—際遇變遷，珍妮佛與湘建立了一份了解與信任的關係。湘在珍妮佛的推介下，敞開自己的進入Aura-Soma的情緒紓緩，走過人生黑暗的湘比任何人再明白不過的是在這個當下「好好的疼愛自己」。當湘用了第一瓶靈療瓶的Aura-Soma平衡油後，喉嚨竟自然的長出許多疹子，接觸過花精療法的湘雖知道這應是身體自然的排毒現象，但她還是好奇的來電問珍妮佛，珍妮佛隨即與資深的巴里老師詢問個案的現象，回電給湘：「這是身體釋放情緒的方式之一，也可以說積壓在喉輪的情緒相當強烈，過往你不能做自己、不能說真話的被卡住現象目前正明顯釋放中。起疹子時可以先停用一兩天，待疹子緩和些再繼續使用，若有此現象再停用一兩天，直到整個循環溫和的排放掉所有積壓在喉輪的負面情緒。」

兩週後，湘再度預約諮詢閨中友人與先生的占星諮詢。透過聆聽別人的星圖，湘對西洋占星的論命與推運更感驚喜，相較於過往她所接觸的算命方式，相對多了一些深層的心理分析與靈性關懷。珍妮佛對湘說：「感謝緣份，你與我之間必然有著教導者

與被教導者的關係緣份。透過占星知識的解說，我扮演著教導者的角色，但透過生命故事的分享與星圖的提供，你也是教導者。你讓珍妮佛對抽象的占星知識有了活化的理解。」

　　成熟女人私密話溫暖著珍妮佛諮詢室，也讓珍妮佛在身心靈諮詢的道路上有了更多的支持與信任。感恩成就因緣的一切！

喜悅就在門後面

51號瓶Kuthumi

《光的課程》提及：「當你為自己打開一扇門，你就已經在探索自己人生的道路上了！」Aura-Soma靈性彩油51號瓶Kuthumi確信：「我站在門前，知道喜悅就在門的後面。」當珍妮佛來到使用當下瓶51號上下兩層淡黃色的Kuthumi師父瓶時，體會到這兩句話，有著異曲同工之妙的深層意義。

奧修說：「每一個呼吸都是生與死。」生物學家證實人體細胞隨時在死亡與新生間轉換。在奧修大師的眼裡，死亡是另一個生命的開始。就靈魂占星學理言，每一世都是靈魂來到地球修道院完成靈魂課題與業力關係的經歷。佛家說：「千百劫來，生命猶似銀河中的一粒沙塵，一切都是幻象的空無。」

不論先哲大師或宗教所言，生命的每一個瞬間，都是轉換，是內在心識的轉換，也是外在情境的轉換。但往往因我們習慣以線性時間的過去、現在與未來來看待生命歷程，所以才會有那麼多生命際遇的悲歡離合離散苦。如果我們能把每一個轉換，都看成─啊！真好！若沒有失去，怎會有空間去獲得；舊愛不離，新歡怎來？若沒丟到工作，怎會知道自己原來還有其它潛藏的能力呢？往這個方向想，每一個轉換，不都像呼吸一樣的呼出去有害的二氧化碳，吸進來有益的氧氣嗎？

51號Kuthumi在Aura-Soma靈性彩油裡是師父級的瓶子。在正向人格的啟發上，是一個靈性的戰士。願意主動為某些事情辯護、有很強的心理彈性、有獨立的思考和行動。以支持和不過度干涉的態度教育和引導別人，激發他人活出自己的潛能。是自己命運的主宰。

　　是的！心靈諮詢的助人工作，珍妮佛一路上在現實生活中，扮演著以支持和不過度干涉的態度教導當事人，激發當事人活出自己的潛能，讓當事人明白覺察自己的命運，才是自己命運的主宰。95年春天，當珍妮佛來到了Aura-Soma靈性彩油療程裡第三瓶（當下瓶）的使用時，正是起心動念該把過往與兩位占星大師—王中和老師與韓良露老師學習的占星學理，與個人執業上的諮詢個案實證，傳承出去的時候了！期待透過教與學的二元連結，讓自己在教導中再成長，在傳授中發現不足。不論是現在的面對面個案占星諮詢，或即將開展的一對多占星教學，淡黃色的Kuthumi都在訴說著—我站在門前，知道喜悅就在門的後面。

　　每當Aura-Soma靈性彩油使用者問珍妮佛：「為什麼你用Aura-Soma的感應都是很不錯的美妙，而我除了使用第一瓶時的身體不適與強烈的情緒衝擊外，到現在都還沒有感應到自在的喜樂與寧靜呢？或為什麼自在的寧靜與喜樂好似夾縫中一樣的短暫即逝呢？而我竟然會害怕與懷疑喜樂與寧靜是可以存在的感覺呢！」珍妮佛回答：「我已經前後使用了十餘瓶以上的Aura-Soma靈性彩油，也許是身體已經被清洗與淨化得較乾淨了，現在不管是那一瓶的使用都能自得其樂耶！就算靈療瓶所隱含的情緒焦慮

或現實生活裡的困擾，也可以很快的解除，就我所知，一般初次加入體驗Aura-Soma靈性彩油的使用者，差不多要到第三瓶的當下瓶，才會有相對明顯的正面情緒感囉！相信它！它自會引領你逐步的完成內在與外在的個人獨特旅程。正面的想，在台灣，至少你已經是進入英國Aura-Soma這種不具干預性的靈性療法門內的人了！」

　　親愛的，情緒釋放與紓緩非一朝一夕可成，靈魂滋養也不是喝奶水似的馬上被餵飽，求道者不也終其一中只為了尋求宇宙的一嗎？珍妮佛以非做生意的觀點，誠摯與你分享的是「喜悅就在門的後面，而你必須願意來到門前，至於進入門內後的種種因緣，自有獨特的造化了！」如果你堅持以頭腦來評論Aura-Soma的靈性效益，坦白說，未曾真正完全踏上門內的道路，你又怎能說得清楚呢？

踏上教學路程

驀然回首

　　珍妮佛出生在北台灣民風純樸的鄉下，出生時大家族裡掌大權的祖母立即依慣例的找了算命仙看八字，算命先生說：「這女娃兒將來會是個老師喔！」對鄉下人來說，女孩子長大能當老師是件挺光榮的事呢！自此，珍妮佛託算命仙的金口，成了掌有大權的老祖宗最疼愛的孫女，小時候躲在祖母房門後獨自品嚐祖母賞賜的私房菜與糖果餅乾的特權，是珍妮佛鄉下童年甜美又幸福的記憶呢！

　　長大後的珍妮佛沒有當上老師，沒有站上講台傳道授課，倒是曲曲折折的當了近十年的廣告業務主管，經常有機會站上會議席或坐在主管桌前教導組員廣告業務教戰守則、督促部屬們怎樣做個專業又出色的廣告業務人員，雖不是百年樹人的教師職，但以廣義的教導工作上的知識與傳承個人經驗來說，沾上一點邊囉！只是當時的珍妮佛是個嚴格又討厭的兇婆娘呀！

　　今日的珍妮佛，隨著個人對神秘學的熱愛與信仰，在網路上長期發表以心靈視野談占星、塔羅與Aura-Soma，廣獲來自四面八方網友們的喜愛與支持，訂閱戶在時間的發酵中早已攀上萬人，開班教授占星學的信息隨著一封封迴響的伊媚兒，催促珍妮佛實現了站上講台教導另類知識—占星學的心願。

　　被占星學員稱呼老師，坦白說這是學員給的尊稱，珍妮佛不敢自居是老師，只能說是聞道有先後的占星知識相對先修者。在台灣，許多知名的占星老師學有所長，也各有一片天。珍妮佛只是個對占星學虔誠又熱誠的信仰者，覺得這攸關人生命運與生活智慧的奧妙知識，若能在學程的一段落裡，把它傳承給相對需要的入門者，或相對程度上珍妮佛教得來的有心人，應是個人回報兩位占星恩師—王中和老師與韓良露老師，與侍奉造物主恩賜占星來到生命的理想性作為。

　　在教學中，珍妮佛必然會看到四年前的自己：一頭霧水又急於學會的熱切渴求、問一堆很外行的問題、自以為會了其實還差得遠的相對太淺、一下子覺得占星易懂難記、一下子又覺得龐雜的難學易忘、恰似拿著顯微鏡的透視著自己的星圖而慌張、在星圖裡希望找到強力的學習能量加持而渴盼。珍妮佛知道這個四年前的自己會在不同的學員們身上再次上演，如何有耐性的引導求知若渴卻毫無基礎，或已有些基礎但不甚精通的學員們，循序漸進的領會與體悟占星學理，將是個特殊的個人再學習歷程，透過再學習的教學歷程，強化個人占星學理的邏輯脈絡、打通脈絡裡的死結，必是學員們與上蒼一起要送來的禮物。

　　就在珍妮佛站上講台、面對占星學員教導浩瀚占星學理時，巧的是使用中的Aura-Soma靈性彩油瓶當下瓶56號上下層淡紫色的Saint Germain，依靈性彩油書上所述：「是一個改革者和被啟示過的教師。幽默、精通思考程序，同時具有創意。擁有很強的直覺力和靈通能力。」珍妮佛歡欣的感恩著這宇宙的同時性，又再

次的在自身的生命經驗上被啟發。一個多月前選擇的Aura-Soma靈
性彩油瓶的使用順序，在用完了58號上層淡藍下層淡粉紅的Orion
& Angelica，清除年少往事埋下的內在小孩不能自然表達對父親的
愛之恐懼，當來到當下瓶時，竟巧合的對應了現實生活中最需要
演出的能量—被啟示過的教師。珍妮佛相信在Aura-Soma的使用
與親近中，師父Saint Germain的靈性頻率，必然能為珍妮佛帶來
更多教學上的幽默、思考與創意，讓龐雜的占星學理生動的說出
來，進入學員們的心房裡，啟發學員對生命與宇宙奧義間的個人
體會。

　　親愛的，珍妮佛在生命誕生時被預言的當個老師，到如今踏
上教學路程教導宇宙另類知識，雖是曲折的過程，最終老天爺還
是安排並賞賜了老師的職責喔！只是這老師的職務，非傳統的教
書職，教導的內容也非正統的主流知識；珍妮佛期許自己不以老
師的權威與刻板來框住學員的創意與表現，畢竟占星學理雖有邏
輯上的依據，但面對每一張星圖的解析與體會，卻是個人直覺能
力與理性思維的獨特融合喔！就好像交響樂的演奏，每一位指揮
家賦予的演出樂譜一樣但卻風格迥異呢！

小心翼翼的愛

疲憊極了

愛本應用心澆灌，讓愛在「心」的滋養中茁壯、在「情」的呵護下生根。在愛的關係裡，來自不同家庭與成長背景的男人與女人，因愛開啟了可能成為一家人的機緣，但終究愛情裡的男人與女人能不能走入婚姻，對想進入婚姻的男人與女人，似乎是不易的考量與考驗。

矛盾的是，當愛來到了穩定親密關係的階段，通常愛的關係裡會有一方相對的較想進入「家人」的關係，渴望透過婚姻成就「家人」的事實，而另一方則顯得沒那麼渴切需要，但又不想改變眼前愛的連結，就這樣相對渴求成家的一方被迫成為卡在愛情的男人或女人，只能小心翼翼的呵護著繼續中的親密關係，兀自承擔著愛裡的犧牲與擔待。

通常，愛情裡的犧牲與擔待，女人易流於年華老去，男人則較不受地心引力的摧殘。愛情長跑中的女人易在癡心的等待與小心翼翼的承擔下逐漸死心，以最後的純情等待著男人開口求婚，能不能結婚就看男人的心意了，若因男人不願意進入婚姻而不得不分手時，情傷的女人已疲憊不堪於情愛的尋覓；而愛情長跑中的男人最終若贏得佳人歸，這時願意嫁入婚姻的女人已是認了吧的甘願，就算女人最後say no，男人在愛情歲月的洗禮下更見男性

成熟魅力，下一個女人就在不遠處。

愛是什麼？奧修說：「愛他（她）如實本來的樣子，這才是真愛。」是的，走過年輕校園情愛、進入婚姻近二十年的珍妮佛，在愛情與婚姻的經歷中讚嘆大師的洞見。過度修飾的愛情是不真實的，修飾只是讓愛戴上了千度近視眼鏡的矇矓了事實，當修飾愛情的美麗成了愛的負擔，累極了！當愛來到了不得不攤開事實時，原本被修飾過的愛能承擔得起美麗情愛的幻滅嗎？

婚姻讓男人與女人成為一家人，日夜相處的真實絕對不是小心翼翼的愛能修飾或掩蓋的範圍。誰沒有陰影與包袱呢？誰沒有最不願被掀開的私密創傷呢？在愛中，男人與女人若不能相濡以沫的去愛對方的陰影與包袱、去包容對方的私密創傷，只是選擇性的愛自己想愛的部份，這樣的愛怎能稱之為愛呢？

Aura-Soma 11號瓶去感覺無條件的愛，粉紅色的象徵著胎兒在母親子宮裡所得到的愛。這一份愛是孕育胎兒的母親以生命養份的供應者，全心全意、不批判的、無條件的滋養著腹中胎兒的愛。而當我們處於愛的批判、承擔與犧牲裡，或我們在愛的關係裡渴求被無條件的愛著，我們的靈魂會很自然的選上11號瓶─去感覺無條件的愛來當我們的靈療瓶。

丹是珍妮佛諮詢室裡在愛的關係裡小心翼翼呵護愛的女人，當丹不能壓抑的淚水訴說著她在愛情裡的擔待與害怕時，珍妮佛心疼丹的癡心與純情。以中年女人的情感經驗告訴她：「一段感情之於一生，只是個片段，要懂得把生命當做一條時間長河來經營。別太委屈了自己。」珍妮佛建議丹自己用「心」選出Aura-

Soma 4瓶靈性彩油，當第2瓶的靈療瓶—11號瓶去感覺無條件的愛被選出時，珍妮佛為丹感到欣慰，因為丹的靈魂已經透過丹的「手」、丹的「心」選出了她長期以來最重要紓緩的情緒釋放瓶。透過11號瓶—無條件的愛、子宮的愛，珍妮佛祝福丹在愛的關係裡找回自信、坦然的面對愛情裡「愛他（她）如實本來的樣子」的考驗。

　　珍妮佛提醒丹也許在使用11號瓶後的短時間內，負面的自我批判與承擔會更明顯，若是這樣別害怕，那只是個情緒加速釋放與清洗的過程，帶著信任老天的真心，Aura-Soma自會幫助她尋回去感覺無條件的愛之能力！珍妮佛期待下一次見到丹時，丹的美麗再次綻放！

自我療癒
開始疼愛自己

　　親愛的，生命一場誰沒有創傷呢？生命的創傷可深可淺，深的創傷通常是埋藏在內心深處不願再碰觸的疤，是因為得不到愛或愛沒有得到回報的傷痕而緊緊纏繞的烙印；至於那淺的痛呢？因為傷淺早已被釋放在歲月的流逝中了，或因個人的成長而不在意了，不是嗎？

　　薇是珍妮佛占星諮詢遠道而來的當事人，預約諮詢的她很清楚的指定《占星+Aura-Soma靈性彩油》是她要進行的諮詢項目。珍妮佛在回覆諮詢時提及占星+Aura-Soma將是她個人釋放創傷與滋養自我的療癒開始。沒想到薇來了一封長達數千字的信函，滿滿的文字裡宣洩著她成長過程的家暴傷痕、求學過程的挫折、職場上想轉職的騷動、面對情愛的不安定困擾，看著那字字辛酸的宣洩，珍妮佛知道這將是一個透過占星諮詢來接納自我、進而展開療癒自我的個案，而Aura-Soma靈性彩油將是幫助她疼惜自己、滋養靈魂的靈性商品。

　　本命星圖天王天蠍三合木星與火星巨蟹的薇，就讀明星高中時即已展現物理科學上的天賦，大學畢業後服務高科技的工作稱得上符合個人星圖上的天賦演出，只是薇的太陽處女刑合相天頂的海王星人馬，讓薇對自我的社會角色一直有著模糊又朦朧的期

待，老是覺得眼前的科技業工作並不是自己想要的理想職務，但也說不出來到底往哪個方向發展才是理想的；落入金錢宮的南交牡羊合相月亮牡羊對相原欲宮的冥王天平，從小到大，飽嚐母親管教的情緒操控與家暴創傷，讓她對自立生活有著強烈的絕對需求，更讓她覺得只有經濟上的完全獨立才能掙脫母親的操控，薇知道科技業的工作是她保有經濟獨立的必要飯碗，自己想換工作的騷動明顯的受限於現實的經濟綑綁。

薇一直不明白，母親對孩子的愛怎會是如此粗暴的方式？而母親詛咒的冤親債主業障更是她不能接受的論點。珍妮佛在薇的個人星圖上看到薇與母親間的關係，以三種不同型態的能量顯現著。壞的一面顯現在冥月對相所呈現的家暴傷害，不論這家暴的模式是言語的、情緒的或肢體的；薇與母親的轉機存在於月亮牡羊三合海王人馬的慈悲與個人的靈性成長裡，也存在於月亮牡羊與土星獅子的三合裡。只是薇的月亮落入牡羊的落陷位置，又陷入合相南交的靈魂習氣綑綁裡，年輕的薇自然難以發展出海王星的慈悲、土星的反哺責任。珍妮佛告訴薇：「生命給你的母女課題是超級艱辛的，你與母親靈魂的舊緣再續本是一場靈魂的約定，只有透過你對母親的寬恕，你才能與母親在年紀漸長後有漸入佳境的母女關係。如果你不能做到因寬恕而釋放，生命將再透過你與女兒間的情感困難再來一次，只是寬恕是一個字面上容易懂的字眼，但要在生活上落實下來，很難！但這就是你必須面對靈魂此生的修煉主題啊！」

已在生活中走進禪修的薇，諮詢過程裡眼淚不能制止的滴落

著，當諮詢進度來到Aura-Soma靈性彩油瓶的解說時，當薇聽著珍妮佛詮釋她選出來彩油瓶的解析：「第一瓶靈魂瓶99號大天使Tzadkiek上層淡綠色指向的正面能量本是個了解人生全景、能夠對家人付出愛、對自己所處的空間感到自在的靈魂，但明顯的現在是負面發展的家庭創傷、對所處空間的被擠壓感、對人生方向的迷失感、對金錢的焦慮感；下層淡粉紅色的隱藏的無條件的愛別人、愛自己的能力，明顯的成為愛的乞求、愛的譴責、愛的批判、沒有回報的愛之委曲」薇的淚水潰堤似的奔放，過往的傷痛如同滑下臉龐的淚水盡情宣洩。

薇的未來瓶57號Pallas Athena & Aeolus師父瓶上層淡粉紅、下層淡藍色，可以幫助薇在內在陽性能量的虛耗上（本命太陽處女刑海王人馬）與陰性能量的糾結裡（月亮對相冥王），得到陰陽能量的調整與融合，因而釋放掉生命過往的創傷模式，學會放開來並且信賴生命中的一切。

遠道而來的薇，擦乾淚水，懷著對自我療癒的信任帶走了選出來的Aura-Soma靈性彩油，而珍妮佛也在周末的諮詢裡，實現著幫助她人走向自我療癒的機緣。珍妮佛期待薇來信分享她使用彩油的體驗心得，也期待薇在漫漫人生中，漸進體會與領悟諮詢報告裡個人星圖上靈性修煉課題的意義與價值，讓自己的生命在這一生，因痛苦的傷痕而有所成長，因挑戰而有所發揮，因寬恕而得到釋放。

情緒的溫柔天使

盡在Aura-Soma平衡油彩瓶中

　　情緒是生命生而為人獨有的情感表達，情緒的變化與天氣沒兩樣，忽而風來、忽而雨去，剎見風雨飄滿樓；時而欣喜、時而歡顏，一臉春風笑滿懷。而佛家說的五毒─貪、瞋、癡、疑、慢正是人類負面情緒的面向。人類普遍的心理狀態─高興、喜悅、亢奮、滿足、狂喜、自憐、悲傷、哀傷、哀慟、孤獨、寂寞、害怕、恐懼、憤怒、猜疑、嫉妒、憎恨、不安、不滿、渴求、貪婪、慵懶、不振、無力、疲憊、耗弱、枯竭、空洞、麻木、驚嚇、驚慌、驚恐、憂鬱、沮喪、憂躁、躁動等等，每天在你我的生活隨著情境與心境分別演出。

　　西方心理學派的各式精神（心理）療法，不論是佛洛依得的「精神分析治療」、阿德勒的「主觀的現實治療」、以維克托‧法蘭克為首的「存在主義的治療」、卡爾‧羅傑斯的「個人中心治療」、Fritz Perls的「完形治療」、威廉‧葛拉瑟的「現實治療」、阿爾諾得‧拉札陸斯的「行為治療」、艾爾伯特‧艾理斯的「認知行為治療」、珍‧貝克‧米勒的「女性主義治療」、瑪丹尼斯的「家庭系統治療」，各有治療學理上的主軸與論點，處理的心理問題涵蓋了個人的存在、個人與家庭的創傷、個人與環境間的實質關係─親密關係、友朋關係、職場關係的衝突或不適

應、個人與國家社會或生態系間抽象的意識型態衝撞。

　　繁複多變的情緒在立論不一的心理學家眼中，成了首要研究的究竟標的。在占星學理的世界裡，個人星圖上月亮與諸星的關係—月亮的星座、星宮、星相與行運諸星的關係，同樣演出著各式不同狀態的心理情緒。而人們尋求塔羅占卜問事，不也是心理的情緒難以真正面對生活的現況嗎？珍妮佛是個月亮受剋的生命體，月亮又是太陽巨蟹的我之守護星，月亮圓缺的起起落落，對我的影響可大呢！身為月亮女兒的我，對情緒的興趣，其來有自呢！

　　占星與塔羅諮詢的心靈服務工作，是珍妮佛行運木星處女三合本命土星魔羯時的轉業抉擇，當時並未刻意的去選擇這個占星學理上的轉業大好時機，只是本能的情感驅動與自由意志的選擇，毅然決然的拋棄高薪的轉進soho心靈諮詢生涯路。執業以來愈發喜愛這一份以守護「月亮」為主軸的心靈諮詢工作，在諮詢行進間，渴求月亮被愛的人找上我，讓我有機會藉由占星與塔羅的專業詮釋，以月亮的關懷送出了愛。

　　送出愛給諮詢當事人的同時，珍妮佛慢慢的體會「送出」愛只是個開始，接下來如何照顧當事人繁複多變又受傷的情緒世界，才是心靈諮詢工作的服務過程。就在自己連續使用4瓶Aura-Soma 靈性彩油的各兩次體驗中，我肯定了Aura-Soma學理上顏色與情緒間的關係，經由Aura-Soma非干預性的靈性療法，我用「心」愛我自己的選油，以Aura-Soma靈性彩油瓶中的顏色與光之振動頻率來調合身體脈輪能量，我開始漸漸放下長期背負在我身上的月亮剋相課題、終結被權威傷害的陰影、明白生命用柔的圓

滿。

　　親愛的，珍妮佛以占星+塔羅+Aura-Soma整合三效合一的諮詢深度與廣度，自然是值得你期待與肯定啦！追求專業的珍妮佛不喜歡馬虎上場、隨意講講，如同占星與塔羅諮詢表現的質感，珍妮佛許自己在Aura-Soma國際市場的天空下，表達出彩虹般豐富亮麗的顏色諮詢水準，善盡情緒世界溫柔天使的角色，提供給曾經來占星與塔羅諮詢的你，或純對Aura-Soma顏色諮詢有興趣的你，一個新的諮詢選擇、一個疼惜你自己的機會。

愛情初始的試探

歡欣與苦澀並存

　　走過情愛之路的人都知道，愛情最美的時刻存在於愛情萌芽初始的試探。不管最後情愛締結於美滿的婚禮，或情愛幻滅於落花有意、流水無情的條件不俱足，或情愛終結於緣盡情了的分手。日後憶起，事實上在愛的關係裡，愛情初始的試探總讓人最為悸動與懷念。

　　愛情詭譎的美麗與哀愁在於道理人人都懂，但當掉進去的人是自己時，唉！怎一個酸澀與甜美的交纏互迭呀！當心動的對象因個人星圖能量的啟動而同步出現時，偏偏社會刻板的愛情追逐戲碼裡，你並不適合當個主動狩獵的積極前進者去一擄男人心，這時候的你，最為需要的不就是「等待」嗎？等待時間流轉帶來的愛情體驗與學習、等待主客觀環境創造出來的愛情實相。當時機成熟，等待的答案自會揭露，是歡欣的投入愛河的悠游其中也好，是苦澀的我曾經愛過的片段回憶也罷，等待本身就是一個愛情萌芽的體驗。

　　歡欣與苦澀中的你，有時會懷疑自己美麗不夠、魅力不佳，有時會因對方一句不經心的回應而雀躍不已的如上雲端；有時會因他不如你預期的爽快回應而沮喪低沉的如墜谷底。無數在心裡千攪百扭的情緒，搞得你笑也不是、哭也不得，你不知自己怎

會這樣，你驚訝於平日那個篤定分析與幫助他人的洞徹清明不見了！沒嚐過愛情滋味的你，你怎會明白這就是愛情試探期歡欣與苦澀並存的吊詭呀！

易經需卦象曰：「雲上于天，需。君子以飲食宴樂。」雲在天上尚未成雨，等待的時候且寬心的飲酒宴樂，積蓄力量。待天上的雲慢慢的蓄積下雨的能量，讓雲層一堆堆的疊上去，直到該是下雨的時候，必然是豐沛的甘霖普降大地；但若雲層不夠厚實，就算看起來像是要下雨的樣子，但雨始終下不來的乾著急，不也白費心思嗎？當這段話放在愛情初始的試探，不也是巧妙的比喻嗎？心儀的對象基於某個你不了解的主客觀情境，愛情的熱度不如你所燃起的竄燒火苗，硬要拉他進來與你譜出愛的舞曲，不正是讓自己患得患失的苦澀不已嗎？

走過婚姻的珍妮佛自然是情愛之路的過來人，當個案以信賴的心情求教於我時，珍妮佛鼓勵她去體驗這一段愛情試探的心路歷程、去覺察於每一個過程中的歡欣與苦澀。讓愛情試探裡的苦澀淚水來滋養渴求愛的心，讓愛情探索裡的歡欣雀躍來活出愛的感覺。因為如果沒有經歷這一段，接下來愛情關係裡真槍實彈的複雜程度與高潮迭起的曲折，哪是沒談過戀愛的她能承受得起的情愛課業呢？

巧的是當陷入愛情試探裡歡欣與苦澀並存的當事人，基於好奇自行挑選出Aura-Soma靈性彩油時，珍妮佛看著第二瓶（靈療瓶）上層淡粉紅、下層淡藍的57號瓶時，直覺的說：「現在的你顯意識最渴求的是能夠被無條件的愛給好好的愛著，潛意識的你

需要去面對的是生命過往所存在的男性權威課題。」聰慧的當事人敞開心的點頭稱是。在這段初始的愛情試探裡，珍妮佛看到女人在愛的萌芽裡，歡欣與苦澀並存的現象。

　　當事人允諾珍妮佛待她使用Aura-Soma57號瓶後，她會如實的與珍妮佛分享發生在她身上的情緒與生活感應。珍妮佛祝福她以57號瓶上層粉紅色無條件的愛之能量，紓緩儲存在臍輪中生命過往不能被如實接納的愛之渴求情緒，以57號瓶下層淡藍色的自由溝通表達能量，打開喉輪自然表達自己、做自己的力量，克服生命中不能與男性自然平和相處的制約。也許待接下來第三瓶的當下瓶、第四瓶的未來瓶與第一瓶的靈魂瓶全數使用完後，愛情試探等待的答案已不言而明了。

第五篇

珍妮佛身心靈諮詢服務

王蓮曄心靈畫作—仰望

珍妮佛《占星諮詢》

　　以西洋占星學龐大的占星學理為基礎，觀照個人星圖上星曜落入的星座、宮位、星曜間形成的相位，解析個人生命的原型、造物主恩賜的天賦潛能、生命藍圖裡的功課與考驗、靈魂選擇的修習、業力的綑綁，是個人了解此生生命藍圖的基本認知。

❊ 初次星圖諮詢：

1) 你的出生星圖	個人星圖是造物主賜予你的獨特生命藍圖，星圖上星曜落入的星座、星宮與星相，即是影響與牽動你一生命運的生命密碼。
2) 你的性格原型與命運原型	依星曜落入的星座、星宮、星相來解析的個性、你深層的心理與行為模式。讓你明白「性格」與「命運」的原型如何在你生命中運作。
3) 你與生活面向的關係	你與金錢、工作、事業、愛情、婚姻、家庭、子女、果報間的關係。反映出性格原型與命運原型間的關係。
4) 流年運勢	未來一年的你與行運間的關係，你所問之事的吉、凶、禍、福參考。

第一次占星諮詢需要你提供的資料為：

1) 你的姓名、性別、已婚或未婚、現職為何（for校正出生星圖用）

2) 你的國曆出生年、月、日、時、分

（西洋占星精密至4分鐘為一張命盤，如不知道分，在推運時會有些誤差，但如果真的不知道，只能以你提供的時點Run命盤來進行校正與推估）

3) 你的出生地、你現在居住的地點

4) 你的手機或連絡電話

5) 你現在的工作與你現在最困惑你的事之簡述（for印證個人星圖能量演出之現況）

【預約諮詢】：依2週前排定好的諮詢時間來面談，現場解說星圖能量並回答你的問題或困惑

【預約方式】：來信cwc.jkwang@msa.hinet.net主旨註明：《預約星圖諮詢》

【諮詢時間】：約為1.5小時

【諮詢費用】：NT$2,500

【諮詢地點】：珍妮佛學苑諮詢室

【備　　註】：為維繫諮詢品質及諮詢個案隱私，恕不接受任何未預約者臨時來訪。

進階占星諮詢

　　行運流轉中，木星與土星關乎你與社會的關係，天王星、海王星、冥王星關係著宇宙帶給你的賜福或考驗，在星曜不同週期、同時並進及交互能量運作下，你所關心的世俗成就、心理轉折，盡在其中

木星週期	每一年流轉的木星在你的星圖上，帶來的繁榮與擴張能量與諸星間的關係，對你的行運影響將如何？
土星週期	每兩年半流轉的土星在你的星圖上，帶來的限制與考驗與諸星間的關係，對你的行運限制與磨練是什麼？
天王星週期	帶來創新與顛覆的天王星與諸星間的關係，在你的星圖上引動的不預期改變或建設革新是什麼？
海王星週期	帶來靈性或惰性的海王星與諸星間的關係，在你的星圖上引動的理想或失望是什麼？
冥王星週期	帶來生命重大蛻變的冥王星與諸星間的關係，在你的星圖上引動的世俗財富與權力關係將如何？

【預約諮詢】：依1週前排定好的諮詢時間來面談，現場解說星圖
　　　　　　　能量並回答你的問題或困惑

【預約方式】：來信cwc.jkwang@msa.hinet.net主旨註明：《預約
　　　　　　　進階諮詢》

【諮詢時間】：約為1小時

【諮詢費用】：NT$1,500

【諮詢地點】：珍妮佛學苑諮詢室

【備　　註】：為維繫諮詢品質及諮詢個案隱私，恕不接受任一
　　　　　　　未預約者臨時來訪。

愛情（事業）合盤諮詢

以西洋占星學理人際緣份配對的解析，透過兩人星圖間星曜相崁的能量運作，觀照情愛（事業）關係裡的內緣—性格啟動的契合感、外緣—社會與環境的助力、宇宙緣—上天恩賜的祝福或預設的業力功課，做為親密（合作）關係的基石。

合盤需要你提供的基本資料為：

1）你的姓名、性別

2）你的國曆出生年、月、日、時、分（西洋占星4分鐘一張命盤，如不知道分，在推運時會有些誤差，如果真的不知道，只能以你提供的時點Run命盤）

3）你的出生地、你現在居住的地點

4）他（她）的國曆出生年、月、日、時、分

5）簡述兩人間的關係及你最想知道的事

6）你的手機或連絡電話

【預約諮詢】：依2週前排定好的諮詢時間來面談，現場解說星圖
　　　　　　　能量並回答你的問題或困惑

【預約方式】：來信cwc.jkwang@msa.hinet.net主旨註明：《預約
　　　　　　　合盤諮詢》

【諮詢時間】：約為1.5小時

【諮詢費用】：NT$3,000

【諮詢地點】：珍妮佛學苑諮詢室

【備　　註】：為維繫諮詢品質及諮詢個案隱私，恕不接受任一
　　　　　　　未預約者臨時來訪。

多層次立體的你
占星諮詢的基本

　　每一個前來給珍妮佛占星諮詢的當事人，當聽著過往素未謀面的珍妮佛描述著他（她）是一個什麼樣的人，各自的表情不一，有安靜的點頭、不好意思的靦腆、矛盾的苦笑、被說到心坎的會心一笑，錯綜複雜且好奇的情緒在心中想著：「何以珍妮佛可以透過星圖就如此透視著我咧？有些連我都不太清楚但老覺得不對勁的地方，原來是這樣喔！」

　　珍妮佛占星諮詢過程裡，對諮詢當事人的性格描述是諮詢基本的切入，何以如此呢？因為性格影響命運，性格反映著當事人面對命運際遇變化的一切承擔與投射。性格描述對當事人來說，是幫助他（她）透過整合性客觀的星曜能量來看待自我、了解自己與接納自己的基本途徑，剖析式的描述非關珍妮佛個人對當事人的讚美或批判，正因為是整合性的客觀星曜能量解析，當事人一些潛藏的、隱伏的、未曾深刻感受過的自我，才能一一的被挖掘出來；而一些當事人明顯的、表現的、經常有的樣子，透過星曜能量的客觀解析，再一次的被印證—你我都是天體運行下的肉身小宇宙。

　　往往當事人會發現，自己雖有著多層次立體的性格，但性格中多如鑽石般的切割面中其實仍有著貫穿的主軸，也有互斥的不容。正因為主軸的貫穿與互斥的不容，才會讓活在原本就是流變

生活的自己，演出了生命歷程中命與運的鮮明悲喜與起落。

親愛的，宇宙的本質就是變化，我們存在的自然空間在春、夏、秋、冬四時的交迭中，週而復始的存在著客觀變化的規律性，但也有因天體諸星運行的軌道週期差異，而有著天象的多重星曜變化影響力，客觀規律變化中的四時與星曜週期變化的轉換間，兩者同時存在，而我們本身的性格又是一個多層次立體的肉身小宇宙之驅動器，在三方力量交互運作下，命運怎能不萬千變化呢？在萬千變化的命運中，怎能不先透視真正的自我呢？

珍妮佛所受的占星知識訓練，除了幫助透視真正的你，更藉由透視了你之後，讓你明白未來行運中，你可能面對的生活變化，在變化中你可能會因性格的驅動而有著什麼樣的際遇，及在面對變化的際遇時，你可能會用性格中的那一個切面來應對。

親愛的，看懂了嗎？若看不懂請反覆咀嚼吧！未研習占星之前，珍妮佛是對命運好奇的傢伙，參訪過的算命師不少，算命經驗中雖有性格描述的片段，但對照自身研習占星之後以星曜能量來解析個性，發現西洋占星相對的豐富且深入，描述的語彙相對的精確而不籠統、深入而不馬虎。西洋占星學對個人性格之解析，是一種當事人性格現象的描述，並不帶世俗價值判斷的讚譽或批評，對被論命的當事人來說，不會有被捧或被貶的感受，純粹是一種透過星曜能量的客觀解說之自我觀照過程。

親愛的，記得當找人論命時，若論命者不能精確且完整的描述你的性格，再下來的推運聽聽就好，太當真，或許反被限制或框住了喔！

尋找生命圖像

認識自己的開始

　　圖像是具體而微的全視野視覺認知，對小朋友來說，圖像的認知比起文字來得容易多了，對成年人來說呢？長期在教育體制下養成的文字認知習慣，似乎對圖像的認知與使用漸行漸遠，玩圖像只是少數視覺設計工作者的偏好與技藝。

　　研習占星的過程中，珍妮佛充份的體會出圖像之於生命的奧義。造物主給每一個你與我一張獨特的出生星圖，這張星圖即是你我的生命圖像，生命圖像上的星曜座落意味著靈魂在宇宙時空的某一段期間裡，在地球行經的生命道路，生命道路上的風貌因個人性格的差異性而有所不同，有人以激進的方式高速狂飆在生命大道上，有人以溫和穩健的方式安步當車於生命大道上，個人也因靈魂覺醒的程度不一來參與命運的轉折，有人以清澈的自覺避險躲厄，學習創造豐富人生；有人渾然不覺的胡作非為，生命過得一塌糊塗。

　　珍妮佛鼓勵大家尋找自我生命圖像的認知，當生命圖像是我們不能選擇的內容，當更有必要以客觀的抽離來親近與瞭解自我的生命圖像。盲人摸象的笑話是三歲娃兒也懂的道理，若沒有生命圖像的全面認知，遇生活上人與事的疑惑與困難，不免流於頭痛醫頭、腳痛醫腳的胡亂投醫。人們喜歡算命，喜歡的絕大多數是企盼從算命師口中來窺伺天機，以預知天機的竊喜來轉移內

在的不安或欺騙自己於當下的迷亂，卻忽略了算命的重點在於了解自己的性格優劣、時空中的機會點與問題點，方能在自身性格優劣及時空中的機會點與問題點中以趨吉避凶的積極作為或不作為，在知悔吝與無過中降低傷害。

人們喜歡聽好話、被讚美、被鼓舞，不喜歡真正面對自我的貪婪、怠惰、物欲、占有、操控、濫情、欺騙、虛偽，生之本能讓我們習慣性的抗拒辛苦、痛苦、創傷、艱難、挫折、失敗、恐懼，也會以憂鬱、沮喪、防禦、攻擊、挑戰、挑釁、操弄、執著來保護自己，多元複雜的人性讓你我在與生命圖像共存時，生命道路變得更崎曲蜿蜒，生命風貌變得更迷離不清。

正因人性是如此的複雜，在參與老天爺給予的個人星圖時，有時我們會逆向操作的抗拒命運的必然，把自己弄得人不像人、鬼不像鬼的痛苦；有時我們也會在無知但幸運的眷顧中行大運，卻兀自洋洋得意的炫耀人生風華。如果人們懂得事先觀照自我的生命圖像，必將明白自己勝在哪兒？敗在哪兒？生命賦與的潛能與機會為何？生命強制派送的天敵又要來演出的課題是什麼？當好事與壞事來臨時，才不會笨到向老天炫耀自己有多棒，也不會傻到活不下去的自殘生命。

珍妮佛以心靈成長的視野談占星，吸引著對自身生命觀照或生命存在的意義與價值有自省性認知的讀者，而會進一步前來與珍妮佛諮詢的朋友，更是神意安排的緣份，前來進行個人生命圖像觀照，在生命的圖像觀照中行特定問題之解惑，進而創造一個較豐富與圓滿的人生。

情難捨

愛的考驗

　　珍妮佛的愛情合盤諮詢一直是未婚族的最愛，每對情侶合出來的情緣大不同，讓珍妮佛敬畏天意的是—許多當事人的星盤剋相竟是由與之合盤的伊人來演出。星盤剋相即是當事人這一生中註定要承受的痛腳處，而這個痛腳處竟由自己追求的伊人來演出，這是一種巧合，或是芸芸眾生裡老天爺早已安排好最致命吸引力的人選來共同演出你我的生命藍圖呢？

　　對應於諮詢個案中的問題—「為何天意如此？」我想，這種生命中的巧合，應是陰陽不測之謂神所管轄的部份吧！以頭腦的邏輯來思考，若不是由當事人眼前情難捨的最愛來演出，又怎會造成當事人在不久未來的最痛呢？珍妮佛告訴當事人，情愛關係裡不論是好緣、惡緣皆是緣，合出來的緣份互動中，必有星曜能量之相生、相剋，相生的部份是促成兩人愛戀發生與傳導的動能，也是兩人相愛過程中愉悅迷人處；相剋的部份是兩人愛戀過程間的親密關係學習，學習如何在愛與被愛中、付出與承受間，自我的真誠與欺瞞、愛人的忠誠與背叛間，經歷愛情的得與失。

　　愛情合盤諮詢的積極意義在於了解自己與知道伊人間的緣起緣滅為何。若是好緣，自然可以得到上天的祝福，有情人終成眷屬，但有情人在生命的行進過程間，依然要共同的接受命運的洗

禮與考驗，初始的眷屬能不能撐到白首偕老，又是命運共業中一番重重考驗。若為惡緣，縱然只是短暫的愛過、激情火花的曾經擁有，不也是舞出生命中很棒的愛情旋律嗎？套句廣告詞：「不在乎天長地久，只在乎曾經擁有」，當緣份轉變為惡緣的爭吵與糾葛時，即是愛情旋律尾聲時。

　　未婚男女面對愛情，參與愛情合盤諮詢時，若能以非叩問天意的好奇來參與，當更能坦然的接受祝福或忠告，因為合盤的緣份解析並不是愛情關係的審判，而是一種愛情關係維護或進行的提醒，就算要與對方譜出愛恨情仇，有心理準備的在愛情中演出，比起糊塗的演出一堆事後想起就懊惱的爛戲碼要好吧！愛情合盤諮詢算不算是一種愛情學分的先行體檢呢？

　　已婚者面對婚變，選擇愛情合盤諮詢時，正面意義在於了解兩人間為何有此愛與債的糾葛。了解是超越痛苦的開始，面對痛苦處加以透析是婚變創傷中的必要療癒過程，有了悟才能有解脫與超越的開始，才能以最不傷害自己與對方的方式分手，為這一世的惡緣劃下不那麼難看的傷痕，為下一世的不可知情緣種下福田。

珍妮佛《塔羅問事諮詢》

　　塔羅牌是一種工具，是一個古老的智慧系統，以圖像來表示象徵的能量。透過塔羅解牌師對象徵能量的理解，可以幫助問卜者做世俗的、幫助的或創造性的命運觀照與解析。

　　藉由大小塔羅78張牌牌義的本質與喻意，對應所問之事的塔羅牌陣，珍妮佛可以幫助你覺知到生命內在的世界，讓你瞭解你的內在世界，是怎麼樣透過所問之事的改變和移動的存在著；不管你喜不喜歡塔羅牌牌占給你的答案，它都是你生命之流裏自然的存在狀態，透過這個存在的狀態，你有機會在生命裏敞開與學習。

　　塔羅牌占卜的專業解析，可以幫助你看清頭腦裏那個更高層次的你早已知道的答案，找出潛意識邁向自我探索的道路，檢視你所問之事對應你自己的頭腦和情感運作的層面，把你看不到的潛意識訊息反映出來，讓它呈現在外。

　　珍妮佛的塔羅牌占卜，純就你所問之事來解析，不管所問之事是盛運喜事、鴻圖大展，或困難挫敗、荊棘橫陳，或關係錯亂、五味雜陳，珍妮佛忠於牌義、不批判、不評論的純然解讀，期待塔羅牌裏蘊含的客觀覺知能為你帶來生命的蛻變，走過生命之流應有的存在。

【諮詢特色】：結合你的出生星圖，對應你所問之事的占卜牌
　　　　　　　義，提供現況分析、運勢推估、事件走向參考。

【預約諮詢】：依1週前排定好的諮詢時間來面談

【預約方式】：來信cwc.jkwang@msa.hinet.net主旨註明：《預約
　　　　　　　塔羅問事諮詢》

【諮詢時間】：約為1小時

【諮詢費用】：NT$1,500

【諮詢地點】：珍妮佛學苑諮詢室

【備　　註】：為維繫諮詢品質及諮詢個案隱私，恕不接受任一
　　　　　　　未預約者臨時來訪。

珍妮佛《Aura-Soma身心靈諮詢》

　　Aura-Soma平衡油的使用，是依著你用「心」選擇出來的4個靈性彩油瓶，依序從第二瓶（靈療瓶）→第三瓶（當下瓶）→第四瓶（未來瓶）→第一瓶（靈魂瓶）來使用。

　　對照每個瓶子所對應的身體部位擦拭，經由皮膚的吸收進入身體，在Aura-Soma靈性彩油瓶中光與顏色的波振動頻率下，進行人體脈輪能量的調整，達到情緒創傷的釋放與紓緩，完成每個階段不同的奧妙靈性體驗。

　　因此，如果你對Aura-Soma不具干預性的靈性療法有興趣，珍妮佛邀請你來諮詢室與106瓶靈性彩油親自進行當下視覺與內在聲音的對話，自己用「心」「選」出你最需要的彩油瓶，來滋養你的靈魂需求。

　　珍妮佛樂於與你聊聊你所選出來的彩油瓶，顏色背後的情緒意義、心理意義、靈性意義各是什麼？對照直覺塔羅牌陣顯現的身體七脈輪與身心靈狀況，看看你選出來的靈性彩油瓶，與你的高層自我所要透露給你的身體、情緒、靈魂間的訊息是什麼？

　　當然透過個人星圖看生命藍圖與靈魂課題，與你自己用「心」選出來的Aura-Soma靈性彩油瓶間的訊息間的關聯性是什麼？也是珍妮佛可以為你進行身心靈諮詢的整合內容。

　　英國進口Aura-Soma靈性彩油，每天早晚擦拭對應的身體部位，一瓶約可使用2～3週。4瓶為一個階段的靈性滋養過程。你可以依個人預算自行選擇你要進行的諮詢方式、自行決定你要帶走的彩油瓶數量。

　　Aura-Soma 106瓶靈性彩油資料，詳珍妮佛學苑http://www.cwc168.idv.tw

【預約諮詢】：依1週前排定好的諮詢時間來面談，現場解說彩油
　　　　　　　能量並回答你的問題或困惑

【預約方式】：來信cwc.jkwang@msa.hinet.net主旨註明：《預約
　　　　　　　Aura-Soma諮詢》

【諮詢時間】：約為1小時

【諮詢地點】：珍妮佛學苑諮詢室

【備　　註】：為維繫諮詢品質及諮詢個案隱私，恕不接受任一
　　　　　　　未預約者臨時來訪。

靈魂自會催促你

讓Aura-Soma 靈魂瓶告訴你吧

　　面對106瓶各式色彩漂亮又有創意的組合中，你用「心」所選出來的第一瓶Aura-Soma平衡油就是你的靈魂瓶。它顯現出你的生命來到世間，生命背後的主人—靈魂是個怎樣的本質，祂想要什麼？祂不要什麼？若你不能從祂所欲，祂會讓你嚐到的困難與痛將是怎樣的課題。

　　依Aura-Soma靈性彩油的第一瓶看來，珍妮佛內在的靈魂本質，正面是個喜歡學習的生命，透過後天的廣泛學習把知識與真理傳播出去，在傳播與藝術溝通間實現靈魂的喜悅；但若沒發展好，反容易流失於學習的焦慮與消化不良的現象，因知識與真理的表達有困難而陷入了權威的課題，沒有辦法真正的表達自己與做自己。

　　回顧前半生，會應付考試的台大學歷看似風光，但只有我最清楚那只是應徵工作時的虛榮，實際卻是個背負在身的權威課題十字架，別人容易因台大的光環而嫉妒或排擠，或強加一些超高標準來為難，而自己也容易陷入台大人當如是的限制與綑綁，於是人際關係常被權威所踐踏、自己也會濫用權威來演出職場上赤裸裸的殺手角色。諷刺的是這個殺手後來竟栽在兔死狗烹的不公不義，為了飯碗硬撐著在權威的踐踏下悲哀生存著、賺取職場上

最後剩餘殘值的薪資。

　　直到透過神祕學的學習，珍妮佛方才明白靈魂催促生命成長的腳步從不歇息，難怪當靈魂得不到祂要前進的方向時，現實際遇的職場是那樣的不堪，老天爺派來演出權威的對手是那樣的粗製濫造，當靈魂不滿意極了生命現況時，最後靈魂主人的我終於覺醒到該是離去、另創事業生涯路，才是生命得以自由發展的唯一方式。

　　回首往日的不堪，對照現在的珍妮佛，真是天地之別的靈魂自由喜樂。來過珍妮佛迷你、明亮、別有一番風格諮詢室的朋友或個案當事人，每當與珍妮佛閒聊時總會羨慕的說：「你的日子過得好自在喔！我好希望與你一樣……」是呀！現在的珍妮佛日子過得自主得很，寫作、教學、諮詢、公園散心盡在自由意志的選擇下，珍妮佛感謝靈魂的催促，讓我揚棄了靈魂本質負面的特質，活出了靈魂本質應該前進的方向。

　　學習路上，王中和老師的學問廣度與知識飽滿程度一直是珍妮佛學習的標竿，韓良露老師生活閱歷的國際性與占星領會的深邃奧義處，也是珍妮佛景仰的對象。珍妮佛明白每個人的生活背景不一、知識的養成過程不同、興趣各有差別，因此，學習標竿也好、景仰對象也罷，終究要走一條與自己興趣、能力、才華相契合的路，才能在事業生涯或生活行進間給自己一個恣意揮灑的空間。帶著信任天意的心，我知道靈魂已幫我在占星與塔羅後，安排了上路Aura-Soma尋寶的機會。

　　幾次的冥想靜心中，珍妮佛明白心想事成背後的推手是那

個可敬又可親的靈魂。可敬在於靈魂不說話，靈魂要我自己用「心」去感受；可親在靈魂雖無形無體，但祂時刻在身旁等候著我去召喚祂。

對靈魂信仰的你、尊重靈魂方向的你，想瞭解你特有的靈魂本質嗎？何不來珍妮佛諮詢室與漂亮又靈性的Aura-Soma平衡油對話呢？讓它來揭開你生命存在的本質與奧秘吧！再對照你的星圖，一定是充滿探索靈魂本質的奇妙經驗喔！

諮詢信念

存乎一心

　　透過自身的經驗與個案的實際使用體驗，是珍妮佛進入Aura-Soma靈性彩油奧秘世界的進階路程，如同占星與塔羅的領悟過程，先求知於知識的學理，再把學理放在生活中觀察與領悟，把存在之身—我們自身與外界人事互動、我們與自我內在對話，融入與生活一體。

　　古老的宇宙智慧—易經、占星、塔羅所隱含的萬事萬物現象，以隱喻的文字或圖像傳承下來，今人透過文字、符號與圖像的解碼，漸進解開天地諸神的語言。1984年，英國66歲的瞎眼老太太維琪·渥爾以通靈的方式接收了來自宇宙高靈的指導，將Aura-Soma 帶進了世間，距離她去世的1991年，七年的時間裡她把這一套陸續得自宇宙高靈指導的Aura-Soma相關靈性知識，傳承給也具有通靈能力的麥可·布斯，在麥可·布斯計劃性的發展學院式訓練Aura-Soma色彩諮詢治療師的企業經營下，Aura-Soma 從歐美高文明國家開始遍傳到全世界，迄今締造了全球百萬人次使用個案的豐碩果實。珍妮佛在冥冥之中，繼占星與塔羅之後，也成了Aura-Soma家族的一員。

　　也許有人會質疑或嘲弄珍妮佛推銷Aura-Soma靈性知識與彩油，說穿了只是增加一樣商品，美其名以靈性來包裝商品與推銷

商品。這樣想，想必是不了解的誤解囉！以商業經營的利潤角度看Aura-Soma靈性彩油，光是擺在諮詢室的樣瓶，至少需時時維持106瓶的展示，加上Aura-Soma色彩語言的課程學費投資，光用膝蓋想也知道，做Aura-Soma的生意並不會帶來豐厚利益。但為何要參與並投入這項非賺錢導向的靈性商品呢？答案回歸到助人的層面，繼個案在占星與塔羅諮詢「知命」的理解與自我接納後，幫助個案在生活與際遇陷入情緒困難中，經由Aura-Soma不具干預性的靈魂療法來紓緩情緒、滋養靈魂。

經由珍妮佛推介使用的Aura-Soma個案當事人漸近增加中，珍妮佛坦誠的告訴每一個個案：「這不是我用來賺錢的商品，就算你一口氣認購4瓶彩油，花了幾千元，對我而言只是賺小錢；如果你相信它，你可以試著親自挑選它、使用它，透過它為你帶來的親身體驗，你就會明白它帶給你的是什麼？拋開買賣的層面，受益最多的人是你，要不要購買、買幾瓶，隨你便。」

珍妮佛超跩嗎？非也！如同占星與塔羅諮詢，個案就像姜太公釣魚的隨緣前來，珍妮佛絕不會hot sale的鼓動你快來諮詢，除非你有需要，這也是為何截至目前，珍妮佛依然堅持待預約諮詢確認後再面談的原因；珍妮佛更不會無聊到出賣靈魂的以語帶玄機的暗示或威脅諮詢個案不然會怎樣又怎樣，身為一個知識份子、期許自我在身心靈諮詢中建立品質與信任口碑的珍妮佛，可是挺有商業道德呢！

親愛的，神秘學的市場牽涉人類的心靈與道德，知識專精與道德高尚者可以把神秘學經營到發揮助人的最高意境，為他人解

際遇之惑、釋放生命之痛；層次低下的業者可以用神秘學搞得求問者人心惑亂，借機劫財騙色，對可能求助者的你來說，如何挑選你要求助的對象，焉能不事先打探清楚再上門呢？

　　親愛的，同聲相應、同氣相求，與你結緣的諮詢師或算命老師的知識與品德涵養，是不是也反映與投射了你內在的呼喚呢？遇上好的諮詢師或算命師，是因為你追求生命真、善、美的內在聲音得到了宇宙的應允，因而你可以結緣貴人來開導你、幫助你；遇上了低下的、唬爛的、欺騙的，是因為你只是想把命與運的不順，讓算命師或諮詢師告訴你：「都是別人的錯啦！你遇上……啦！」讓自己不必為生命負責的自我安慰與逃避嗎？

第六篇

珍妮佛學苑課程動態

《光的課程》靈性修持「光」與身體之對應

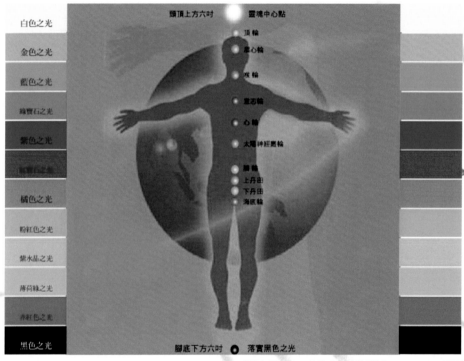

白色之光
金色之光
藍色之光
綠寶石之光
紫色之光
紅寶石之光
橘色之光
粉紅色之光
紫水晶之光
薄荷綠之光
赤紅色之光
黑色之光

頭頂上方六吋　靈魂中心點
頂輪
喉心輪
夾輪
意志輪
心輪
太陽神經叢輪
臍輪
上丹田
下丹田
海底輪

腳底下方六吋　落實黑色之光

圖片提供：光的課程帶領人Michelle老師

《珍妮佛占星班》

　　珍妮佛將得自兩位占星恩師—王中和老師與韓良露老師的學習菁華，及結合珍妮佛在一張張不同個案的星圖諮詢對談中所累積的占星實證產出，以不藏私、不保留的方式傳遞出去，期使生命的困惑者、探索者、自省者、助人者，與珍妮佛一樣有機會得之於占星、用之於占星，活出心靈成長與生命萬象的機緣。

珍妮佛占星班開課班別&內容：

班別	授課內容	堂數
A、入門班－1 本命占星星座、星宮26講	1) 10大星曜—太陽、月亮、水星、金星、火星、木星、土星、天王星、海王星、冥王星的星曜動能 2) 12星座—牡羊、金牛、雙子、巨蟹、獅子、處女、天平、天蠍、人馬、魔羯、寶瓶、雙魚座的星座原型 3) 10大星曜& 12星座的能量 4) 10大星曜& 12星宮的能量	26堂課
B、入門班－2 本命占星星相12講	10大星曜—太陽、月亮、水星、金星、火星、木星、土星、天王星、海王星、冥王星的刑衝會合能量效應	12堂課

C、中階班 行運占星班36講	行運外行星：木星、土星、天王星、海王星、冥王星與本命10大星曜的刑衝會合能量效應，所引動的心理情境與命運變化	36堂課
D、高階班 人際緣份占星班 32講	1) 10大星曜的人際相位合盤效應 2) 12星宮的人際宮位合盤效應	32堂課
E、占星靈修班 —靈魂占星	1) 南交點‧北交點& 12星座與12星宮 2) 凱龍星& 12星座與12星宮 3) 福點&12星座與12星宮 4) 10大星曜&南北交的刑衝會合相位 5) 10大星曜&凱龍星的刑衝會合相位 6) 行運木星、土星、天王星、海王星、冥王星&本命南北交的刑衝會合相位	可視學員 需求議定
F、占星解盤班	星圖實例解析及學員Q&A	8堂課

【教學特色】：

　　採小班制8～12人精緻教學，每一堂課除教導占星學理，並輔以學員及暱名個案星圖對應解析，期使占星知識的教與學在雙向互動中，啟發占星知識與實證理解，循序漸近的帶領學員深入體會與領悟占星奧義。

【課程設計】：

　　採進階式教學方式，非概論占星套餐的課程。認同占星學是神秘學中的物理科學，願意以做學問的心來探索占星學，可以參考的課程選擇：

1) 無任何占星學理認知，期待打好占星基礎認知者	先以入門班本命占星—星座、星宮26講開始，學會分辨10大星曜與12星座及12星宮間的細微差異，再進階至B班的本命占星星相12講，建立解本命靜態盤的精確基礎學理。
2) 已有星座及星宮知識，但不盡明白星曜的刑衝會合效應者	以入門班本命占星星相—12講，掌握完整詳實的星曜與星曜間的動能變化，是解析本命靜態星圖的必要進階學理與途徑。
3) 具星座、星宮、星相知識，想進階至掌握動態運勢與心理情境變化者	進階至行運占星—星相與星宮36講，瞭解帶動生命風貌轉換與命運變化的5大外行星—木、土、天、海、冥與本命星圖的10大星曜，崁出的刑衝會合效應是什麼，帶動的心理情境將如何，是學會解析命與運的關聯性必要連結。
4) 對人際合盤有興趣者	人際緣份占星32講，透過合盤星曜間的能量流，知己知彼，適已上過星座、星宮、星相課程者或已具本命星圖解析能力者
5) 特別對靈魂意識的探索有興趣者	靈魂占星，讓你明白星圖上刻劃的靈魂宿世課題與帶來的今生影響是什麼？以靈修占星知識進入個人意識與靈魂意識的深度溝通及生命創傷療癒，適已完全具本命星圖解析能力者。
6) 對解盤有疑惑者	幫助你建立解析星圖的思維邏輯、解惑解圖盲點、整合星圖觀照能力

【上課地點】：台北市珍妮佛學苑教室

【歡迎洽詢】：認同進階式學程設計課程者，請來信

　　　　　　cwc.jkwang@msa.hinet.net註明：《珍妮佛占星班》，

　　　　　　珍妮佛會進一步與你說明。

邁向占星大道

有興趣的請一起來

　　占星學是珍妮佛後半生的生命信仰，恰似傳道者在網路上與讀友們分享占星研習心得與諮詢個案的體會，一路行來近兩年，是珍妮佛熱忱投入對信仰奉獻的回饋。

　　獨樂樂不如與眾樂樂，美好的音樂與君共享，面對宇宙良善的生命哲學—占星學，不應也如此呢？有人酸葡萄的說：「過往做廣告業務的珍妮佛，本就是個擅長推銷的人嘛！懂占星的她，當然要老王賣瓜的吹噓，廣為天下知呀！」坦白說，面對這樣酸溜溜的話語，珍妮佛一點也不在乎咧！天王星獅子合相北交的我，很清楚生命的樂趣在占星大道啦！而把占星學理的生活哲學與有興趣的讀友分享，就算被貼標籤的冠上愛現的負面評語，無所謂啦！

　　也許你會好奇的想知道，占星之於珍妮佛，除了是一份用來當心靈諮詢的助人工作工具，還有些什麼意義與價值呢？長期閱讀珍妮佛文章的朋友們不難發現，占星之於珍妮佛已是生活的一部份了，行、住、坐、臥間的生活思維與生命信仰，盡在占星學裡，當生命以中年危機來切割時，後半生因占星學而得以活化、提升、轉化的邁向靈魂進展，生命存在的本質與意義，因對占星學的領悟而大不同。

回顧過往，珍妮佛真的是不喜歡那個刺蝟般犀利的自己，善良溫暖的巨蟹淹沒在防禦的胄甲裡，強勢權威的面具誤導著自己、也隔絕了他人，隨波逐流的在職場裡浮沉，雖激發了本能的生存競爭力，卻失去了自在的本性。現在，珍妮佛很喜歡自己，欣賞自己能夠怡然自得的活在當下，能夠隨緣的在教學與諮詢工作裡雙軌並行。

《珍妮佛占星班》是珍妮佛學有所成後回饋給存在的演出，舉凡存在中有興趣進入占星大道的人，都有機會在《珍妮佛占星班》裡與珍妮佛一起研習，經由占星學理切片式的知識到串聯起來的占星知識系統，體會占星學與生命哲學間的關係。學習過程裡，珍妮佛承教於兩位占星大師—王中和老師與韓良露老師把個人對生命與哲學的觀點注入占星學，珍妮佛當然也會把這美好的人性良善與純真的生命理念分享與學員們。

親愛的，如果你期待從《珍妮佛占星班》循序漸近的學習裡，學會算命，坦白說：誠如王中和老師說：「算命是小道的占星術」，珍妮佛希望你能夠有更宏觀的生命視野，把占星學當成是一門「上天不言、卻一切盡在不言中」的生命哲學，讓占星學如韓良露老師所言：「為你開啟生命更清澈的心靈視野，讓占星學融入你每一天的生活，活出星圖裡的星曜能量與高階靈性境界。」

參悟生命智慧工程

盡在占星研修裡

　　幸運之神來叩門囉！何也？當行運星曜帶動本命星圖和諧的星曜能量之宇宙祝福時，往往讓當事人行事超順暢，不是反映著天賜之福的幸運恩寵，就是過往的努力終得報償的收割穫利。衰神找上門囉！何也？不就是行運星曜引發出本命星圖破壞星曜能量的現世業報嗎？說是業報實則也反映出當事人性格中最為幽暗的地雷爆發，當事人最不願意面對或接納的自我，不能自主的主動跳進演出，或被迫參與的演出各式爛戲，導出生命一件件接二連三的衰事，運氣被到家的難熬啊！

　　行運是流轉的、命運是動態的，道理很簡單。因為個人星圖上的十大行星—太陽、月亮、水星、金星、火星、木星、土星、天王星、海王星、冥王星，兩個攸關前世今生業力顯現與發展的兩個虛點—南月交、北月交，另一個在1970年代以後才發現的靈魂星曜—凱龍星，各有其運轉的週期。命運依著宇宙法則的支配，在每一個人的星圖上透過這11個動態運行的星曜與南北交兩個虛點，與本命星圖靜態的11個星曜與南北交兩個虛點，相崁出刑（四分相）、衝（對相）、會（合相）、合（三分相）的各式關係，啟動了困難或順利的運勢。造物主輕易的在每個獨特的生命上，構建出不同的生命城堡，時而樓起、時而樓塌，生命樂章

中高亢的澎湃激情、低沉的晦澀難明，譜出了每個獨特生命的命運人生。

　　大巨蟹的珍妮佛在行運天王進入雙魚時，蒙占星大師王中和的啟蒙，很幸運的掌握了動態命盤的觀照切入法，加上後續韓良露老師細膩齊全的占星學理課程—星座、星相、星宮、靈魂占星、行運占星、靈修占星，輔以玩票與執業以來的實際星圖諮詢之於個案命運的諸多驗證，對行運威力之於命運轉折與變化的影響，完全了悟生而為人應順天知命的意義與價值。

　　親愛的，命運若允許人們站在山丘上看山下的自己，八成大家一樣會有命運好好玩、命運好驚險的感慨，怎麼前幾年呼風喚雨的狂飆股，如今落得水餃都不如呢？這傢伙三年前還是不可一世的囂張，怎麼現在夾著尾巴、摸著鼻子的沒聲音啦？風光了二十來年的×××，衰了兩年多，現在好像又東山再起了耶！為什麼看別人命運起落可以說得輕鬆如哲人，但看待自己的命運轉折就特別難以釋懷呢？那個客觀的理性跑到那裡去了呢？原來害怕改變是人性的弱點呀！

　　親愛的，在宇宙的律法裡，行運的運行有其次序與規律，只要是住在地球上，世人皆不可擋的必須配合演出星圖上13*13的偉大宇宙計劃。因此，明白行運威力是恩寵或業報是一件生命中須持續不斷參與的智慧工程。懂占星的人首要誠實面對自己的星圖，不懂占星的人，找個可以信任的人進行占星諮詢，讓受過訓練的占星語言做為自身明白生命智慧工程的參考與引導，有機會透過占星諮詢的參與，站在山丘上看山丘下自己的行運起落與轉

折，不也收穫良多嗎？

　　親愛的，如想透過占星研習來掌握自己與命運的關係，進一步因學而優則助人，以占星為心靈諮詢的工具，來與珍妮佛研習占星吧！結合兩大占星名師教導菁華與個人實證占星諮詢個案經驗，進階式、全方位的占星學理與實證教學，值得你來探索喔！

超越幻象

遇見自己

誰才是指揮家？

　　朋友，你的生命樂章是否也曾讓捉摸不定的宇宙風，「被迫」演奏出起伏多樣的人生之歌呢？當狂風來襲時，冥王星的摧毀與新生，天王星突來的創造與顛覆的能量，就如震撼的「貝多芬命運交響曲」；而嚴謹的土星教練帶來努力收割與責任考驗就像那色彩對比濃厚的「韋瓦第田園四季交響曲」；令人微醺的性靈之風，則是由海王星的理想與迷惘寫下如詩箋般浪漫悠揚的「莫札特小夜曲」！

　　我常想，什麼才是真實的永恆？什麼時候可以走出幽暗蔭谷，迎向朝陽？什麼又才是今生該把握的生命潛能和課題呢？怎麼樣才能看得清這一篇豐盛卻又錯綜複雜的生命藍圖，找到安身立命的智慧之光呢？

就是那個光

　　2006年1月，行運天蠍木星，進入我的學習宮，引動開啟了一扇占星神秘學的學習，也讓我有機會重新當一個如魚得水的「新星人類」。占星學之於本命「日海水合相於3宮」的我，就像找到了生命引領之光，讓我重新認識、接納、了解，看清自己的配備

與功課，這杯香醇咖啡喝了令人醉也喚醒活化了乾涸的「太陽意識」，木星送來人生向內走的智慧領悟之光，也讓我找到與我土冥三合的珍妮佛，她在占星道上無私的教導、解惑與分享豐沛的經驗，以及火力十足的冥火教授熱力與母性巨蟹的細心關懷，照亮了占星學的航道。

走出迷霧　看清人生的風景

每一個人生來都有一張上天精心設計的的星象密碼，當天體的運行與之交會也造就了「刑衝會合」豐富多樣的人生境遇，當宇宙的計時器轉動了命運之輪，舞台上的戲碼是星座，星相，星宮及本命、行運、合盤三位一體的生命劇本，演出人生幻化的悲歡離合。占星學並非要人「宿命」的隨命運擺佈，是要引領人透過覺醒的「知命」，才看得清如何接納、轉化自己、把握時機與開展未來的「造命」，使得心轉而運轉，命轉則業轉，人間道場所安排的順逆之境，可不就是來成就我們的生命煉金術嗎？因為看清覺察，所以能夠更加肯定自我；而找到人生的意義與方向就會擁有安寧和快樂！

真善美的祝福

星圖密碼，有如一盞人生之路的明燈指南，一把開啟聖杯之鑰，要如何開啟運轉，端看個人如何造化。占星老師們常諄諄教誨，星圖密碼的解讀，並不是拿來操縱利己、窺伺別人隱私的黑魔法，唯有心存善念，才能獲得宇宙之光真善美的祝福！你聽過

「天使之所以能夠飛翔，是因為祂有輕盈的人生態度和一顆良善的心」嗎？記得王中和老師也曾在「奇蹟課程」說：「人生的性靈轉化不是提升就是沉淪！」學習做一個謙卑學習的地球子民，在順境安樂時知道感恩惜福，遭逢乖違逆境時，學習勇氣臣服，才能累積智慧，回收生命垃圾轉化成滋養生命歷程的肥料，不斷的在正道上成長茁壯！願我們一起來當自己寶瓶世紀的天使領航者，莫做沉淪於無明的「淘汰郎」！

　　真心祝福每一個人

　　　　　　　本文由珍妮佛占星班學員 ladybird 撰文

看見自己
新的洞見

　　個性耿直呆板的我，水星吉相能量的開發非常晚，總是一本正經的說話卻被人誤會是天大的幽默，認真的相信他人所言，最後卻發現只是說笑。這愚鈍的腦袋不圓滑的個性，要適應地球人免不了幾場跌跌撞撞。然而，就算學會了逢場作戲的語言，內心卻無法認同。

　　死板板的性格，從外人眼光看來，或許認為會造成很多生活不便吧？但是極端的個性仍伴隨著我，對人的喜好極端，強烈仰賴第一印象，面對討厭的人只會更加更加的討厭，讓這種討厭激發月亮牡羊的暴躁。

　　進入占星學，兩個觀點首先衝擊到我：1.星圖是個人在出生前，自己靈魂的選擇。2.要學會尊重他人的能量。我才開始了解到，那些讓我厭惡的人並非真令人痛恨，可能只是無辜的『不對盤』，也可能根本問題在於自己。這是很重要的一點，明白這件事後，我對生活週遭的抱怨大幅度減少。

　　我曾也像部分女人，想藉婚姻逃避對現況的不滿，這或許也是為何我的戀愛史需要列年代表的原因之一吧！在占星學習中卻讓我明白，這種逃避只是推自己跳入另一個萬劫不復的深淵。星圖上太陽、月亮的剋相，並不只限於和父母的關係，一但進入

婚姻，它更是你與先生、妻子、孩子的關係。同理亦適用於工作中，喋喋不休的抱怨上司、同事、換工作，可有想過自身的問題若沒有先看清、解決，環境怎麼變化都徒然？

不是不知道『看不見的並非不存在』，卻又單純的相信透過雙眼的『看見』。所見即所得，呈現在眼前的就是『理所當然』，過去的我不會質疑。透過星圖，透過心之眼，看到眾人與自己靈魂挑選的考驗，才一改怨懟命運的悲觀式想法，從自棄到自勵，為通過靈魂考驗的自己鼓掌感動。在生命到盡頭前的所有挑戰，不都是靈魂對於自己、對於這個肉身的信任嗎？

生命靈數對應塔羅，今年的我是『Lover』，與情人的愛、與心靈的愛都是生活思考的重心。目前的我因為有了光的課程靈性修養而覺得內心充滿愛，卻讓情人的地位面臨『高塔』，當我已能自給自足心靈的渴求時，情人究竟該扮演什麼角色才能成為我的需要？忙碌於內心世界的自己，有一天會回過頭來發現『情人之愛』的重要嗎？

奧修禪卡—『新的洞見』，最是符合走在占星道途的我。過往從門洞看世界，獲得的是短淺的眼界知識，對於現在開啟大門、真實走入世界的我來說已不再適用。踏上這旅程的同時，放棄了舊有固執的思維，將自己倒立於世界，以新的洞見—尊重他人的能量，也尊重自己靈魂的選擇與靈魂的挑戰。在這大前提下，所謂善惡是非都不絕對的存在了。放下了絕對，就放下了固執，也才能看見這世界美麗卻不容易發現的細微。

本文由珍妮佛占星班學員螢火蟲撰文

慢下來，回家吧！

上行運占星課時，珍妮佛心血來潮，讓每個學員抽一張奧修禪卡，看看占星之於我們，會有什麼樣的意義。

我抽到的是「慢下來」這張牌。坦白說，抽到這張牌時我挺訝異的。牌上就是一隻醜醜的，看起來不怎麼起眼的烏龜，懶洋洋的伸出頭來。我還有種錯覺，覺得牠好像也轉頭對我笑著，「呵，對啊，妳怎麼會抽到我。」

對啊！我怎麼會抽到這張牌。學習占星，我雖然對寫筆記比較沒天份，但我覺得以我火星牡羊的衝勁與水天相位的理解力，應該也要抽個一張強而有力的牌，來表達我對學習占星的積極吧！

當時珍妮佛的解釋是，禪卡教我們慢下來，也許是因為我們對占星的學習還了解得不夠透徹，占星之於我們，應該是要我們從中找尋永恒的中心思想。烏龜雖然走得慢，但卻活得久啊！

嗯嗯，想想也對，不夠內化的確也是我的毛病。學得快或多，也只是頭腦上的理解罷了，真正重要的，應該是把占星的哲理落實在生活裡，從內心改變才對。聽了這個解釋，我覺得我應該是了解這張卡了，也不太把這張卡放在心上，甚至還忘了我曾抽過這張卡。畢竟一開始我並不是那麼認同這張卡。

　　然而，過沒幾天，當我訂購的禪卡到我手上，那隻烏龜忽然浮上心頭。好吧，我就再看看，書中又是怎麼解釋這張牌的。

　　「彩虹之騎士」提醒我們說，就好像這隻烏龜一樣，不論我們去到那裡，我們都攜帶著我們的家，不需要匆匆忙忙，不需要到其他地方去找尋庇護所，即使我們進入了感情之海的深處，我們也可以保持不受干擾，並且免於執著。現在該是時候了，你可以放掉任何你對你自己或是對別人的期望，並對你可能攜帶著的任何幻象負起責任。

　　看到這段話時，我真的是嚇了一跳，彷彿是一記當頭棒喝，敲得我腦子嗡嗡作響，又是疼痛，又是感動。這難道不是在說土星巨蟹又落家庭宮的我嗎？

　　我不是不愛我的家人，但我的原生之家並非是我想要的溫暖來源。我經常有個聲音在耳邊響起：「好想回家，回到屬於我的地方。」但我很清楚的明白，這個家並不是指我的原生家庭，也不是指我現在住的地方，它到底在哪裡，我不知道。諷刺的是，那麼想要「家」的安全感與歸屬感的我，卻像寄居蟹般不斷換殼，每兩年就搬一次家。這其中，我也曾以為自己找到了真正的歸宿，但卻又往往希望落空，只好又回到寄居蟹的宿命，緣份到了就不斷換殼……

　　這一刻，我才恍然明白，這隻「慢下來」的烏龜所要送給我的生命禮物。這難道不就是在提醒我，放下對「家」的外在執著，以及釋放原生家庭所帶來的壓力嗎？我學占星，難道不就是要發現自己的這份執著，轉向內心之家的自我充實與鞏固，來面

對外在的更迭與變化嗎？

　　我真正的「家」，原來一直都在，只是我不曾安然居住過。

該是慢下來，進去歇息的時候了。

　　　　　　　　　　　本文由珍妮佛占星班學員Rose撰文

全腦開發・迎接21世紀文

王中和

在二十世紀的尾聲中，我們看到了地球上的種種天災人禍，每天報紙電視所傳達的新聞，猶如一幕幕天啟之異象，不論是天倫悲劇、社會慘劇或是政、經推理劇、仇恨劇的上演，無不使我們大開眼界，從些許的不安到極度驚悚，我們很訝異，有這麼多這麼好的演員正在賣命演出，整個人類也表達了更迥異往昔的創造力。

對於天災人禍，我們已漸漸熟悉，在見怪不怪，習以為常和司空見慣之餘，有些人可能突然警覺到了，好像生存日漸困難，不只是困難，而且很艱難，日子愈來愈難過，日常生活上的不順心、不如意，竟然會多到難以忍受的地步。更重要的是，在歷經好些年的困頓延宕，猶如無頭蒼蠅，我的前途在哪裡？自信漸漸消磨之際，不禁也風聲鶴唳，草木皆兵，究竟一朝被蛇咬，十年怕草繩，生活上稍有風吹草動，就得瞪大眼睛仔細瞧，即使反應過度，為了保護自己，也顧不了這麼多了，誰叫老天把我放在這個時代呢？

　　面對即將來臨的二十一世紀，人類有種種無奈，從486電腦到Pentium Ⅲ，我們繳了那麼多錢給英代爾，從Windows95升級到WindowsXP，我們也繳了那麼多錢給比爾蓋茲，但好像我們的工作內容都差不多。從找零錢打公用電話，到人人手拿大哥大，但生活上的痛苦指數不降反升。我們不能拉住時間，我們也不能停止科技更新，但我們安安穩穩的人生好像愈來愈沒保障。面對電腦千年蟲、天災人禍，大自然的反撲和全球經融風暴的擴大，進入二十一世紀之後，若非「超人」，恐怕難以生存，這是很多朋友共同的感慨。

　　如何成為「超人」呢？「成為超人」是一個笑話嗎？還是超人只是把內褲穿在外面呢？當一般人的日常生活愈來愈是問題時，「成為超人」不是一個笑話，而是一個值得我們嚴肅思考的課題。未來人類最大之資源，不在天上或地下，就是「人腦」，也就是人腦開發後所提供的創意。如何開發自己的腦袋，如何發展出潛能，這是每個人生存的課題。一個無法開發腦力、智慧、創意的生命，恐怕在下一千年的社會中，無法活得快樂健康，甚至根本無法生存。

　　我們的腦袋中的腦細胞，其實是複製整個宇宙中的重重銀河系，當然也是複製造物主的智慧，所以說人是萬物之靈，人類生命現象之分殊性及因果關係的複雜，其祕密都在我們的腦部結構。人腦是我們思想的地方，但一直以來人類對腦的認識，都很貧乏，直到進入二十世紀，我們對腦的認識，才有比較進步的發展。大腦分為左右兩部份，稱為左腦和右腦，左腦受到損害

時，身體右半部會成癱瘓，而右腦受到損害時，身體左半部會成癱瘓，左腦值司邏輯、文字、數字、分析、次序、數列等等類似活動；而右腦則值司顏色、音樂、想像、做白日夢、韻律等功能。

「左腦思考」和「右腦思考」都會造成習慣模式，在制約作用日益強烈的現代社會，擅於「左腦思考」的人，可能「右腦思考」會較弱，而擅於「右腦思考」的人，也可能左腦思考較弱。腦的大小和智慧相關，這是比較傳統的看法，因為發現了很多「腦大而愚」以及「腦小而智」的例子，有研究指出，智慧的高低和腦細胞的數目，及腦的大小並無正面相關，亦即頭大未必聰明，頭小也不一定愚笨。決定智力的，乃是腦細胞之間的相互聯繫，藉助生化電作用，組成一個電路。整個大腦，就是一個極度複雜的神經電路網絡。假使我們可以充分發揮大腦的潛能，即是將一百多億個腦細胞之間的相互聯繫全部打通，整個大腦網絡的通道是一個極為龐大的數字，所以很多腦的研究者，都認識到人類目前，只運用了龐大腦力的很小一部份，大約百分之二到百分之四，有關人類大腦的龐大潛能，還有待開發。這也是未來人類最龐大的可運用資源。

如何開發人腦資源呢？首先我們要認識到，限制我們自己能量的，就是我們思考的模式和習慣，在日常生活中，我們有很多限制性思考方式，讓我們陷入消耗能量的陷阱中，如何突破自己的盲點，這就是開發潛能的先決條件。其實失敗的人和成功的人都是一樣，都有同等能量的運作，只是失敗的人使能量衝突打

架，而成功的人使能量整合累積，這就是成功和失敗之分別，但人類最大的敵人是自己，而自己的生命盲點卻是最難點醒的。

當人類了解運用突破性觀點解析日常生活時，你的整個生活，會變得愈來愈不一樣，腦力和智慧逐漸開發，你的生命層次也往上攀升。但何謂突破性觀點？新時代的思考方向提供了很重要的四點：一是愛自己，二是不批判，三是活在當下，四是以自己內在之源頭活水為師。這四點都是與我們傳統文化和日常生活的很多觀念，背道而馳。例如愛自己被傳統認為是自私，而不批判會使得傳統文化中的「魔鬼」、「地獄」、「業報」和「懲罰」等觀念失去立足之地（因為批判才會產生天堂和地獄，救贖和懲罰）。而這幾個觀念雖然聽起來簡單，但生活化也絕不容易。何謂愛自己？又何謂不批判或活在當下？如何從這幾個觀念出發，來揚棄生活中的限制性觀念，從而達到全腦開發，運用潛能的境界著實重要呀！

王中和老師《易經與心靈成長班》

　　西方有聖經，中國有易經。自周代以來，易經即被視為群經之首，內容廣博精微，奧妙難解，內容包含玄學宗教哲學軍事天文乃至人事地理……，是成為先知聖人的必讀天書，而參透這部天書即能上知天文，下曉地理，中通人事，直達術數神秘學的根源，甚而參贊天地之化育。

　　王中和老師本著他十餘年浸淫於東西方術數的學識涵養，舉凡天文曆法，奇門六壬，子平紫微，七政四餘，乃至西洋占星塔羅皆有所體會，並認知到古今中外皆蘊含共通的易經法則，是表現在太極兩儀四象八卦中，而有變易不易簡易的宇宙萬象。因此，為了不惑於變化萬端，森然羅列的人生現象當中，本課程乃以「心靈成長」的角度探討「易經」，藉由「參」透易經，走出人生的一條路，有別於一般外界冗長繁瑣的課程。

　　易經又被稱為「三聖之學」或「四聖之學」。從伏羲畫卦，文王演卦，周公作辭乃至孔子作十翼。而每個時代的哲人，都憑自己的研究領會作出與之相應的著作：楊雄法易作太玄經、邵康節作皇極經世等等……伏羲為甚麼可以畫出八卦，把這個超越時空的「天授之學」帶到這個世界？就是因為他們都知道自己的「天命」。

　　老子說：「人法地，地法天，天法道，道法自然」。所謂的「道」及「自然」跟周易裡的「天」是同義詞。易經裡面所載

的就是宇宙，太陽系乃至地球上，我們這個小世界的法則。所以讀了易經，很多人生問題就解決了。古云「易有三義：變易、不易、簡易」，又云「易簡而天下之理得矣」學習周易可以以一個由簡御繁，以不變應萬變的方式去面對人生，解決問題。

第一～第二階段課程內容

第一階段		第二階段	
第一堂課：	太極與陰陽的基本觀念	第一堂課：	一陰一陽繼善成性
第二堂課：	易經的卦爻與占卜原理	第二堂課：	大生廣生易簡至德
第三堂課：	先天八卦與後天八卦圖	第三堂課：	天地設位成性存存
第四堂課：	河圖與洛書之說明與生活應用	第四堂課：	天下之賾會通典禮
第五堂課：	孔子的讀易心得報告	第五堂課：	大衍之數變化之道
第六堂課：	易經繫辭傳的價值	第六堂課：	聖人之道三至三唯
第七堂課：	十翼所扮演之功能	第七堂課：	開物成務明天察民
第八堂課：	從易經中知天知地了解中華道統	第八堂課：	自天佑之神而明之

其它階段：依實際課表

王中和老師簡介：一位「心靈學」和「神秘學」的研究者，也是一位作家，現任「生命之眼」身心靈整合中心執行長，也是國內「新時代運動」推廣者，研究東西方「神秘學」二十餘年，精通易經、風水陰陽宅思想，並對天文曆算、子平、紫微、七政四餘和西洋占星術、塔羅牌、靈數學等作深入之研究。平日喜讀書、搜書，會通儒、釋、道，有志於人天之際，而通變古今。著有《打造生命藍圖》等二十餘本著作。

【上課地點】：台北市珍妮佛學苑教室

【小班教學】：8～12人額滿為止

【開課日期】：請至詳珍妮佛學苑http://www.cwc168.idv.tw查閱

【上課時數】：每一階段2小時*8堂課共16小時

【課程費用】：依珍妮佛學苑http://www.cwc168.idv.tw公告為準

【歡迎洽詢】：來信cwc.jkwang@msa.hinet.net主旨註明：《易經
　　　　　　　與心靈成長班》

珍妮佛學苑塔羅系列課程

　　要學好塔羅，首要掌握塔羅牌的源頭，哈佛大學東方古文明博士白中道老師，是市場上唯一有能力帶領學員進入古文明探索塔羅源頭的最佳塔羅導師，經由白老師解析塔羅源頭→偉特塔羅牌面→古埃及神圖塔羅的銜接與對應詮釋，輔以豐富創意牌陣的演練，你將明白塔羅牌義最初的奧義是什麼，解牌的直覺奧妙在哪裡。

　　整合克勞力、偉特及古埃及神圖塔羅牌牌義的珍妮佛，將以克勞力直覺塔羅大小牌78張，正位與逆位各自如何解析，在牌陣演練中的激發與塔羅的深入對話，進而解惑明事，為珍妮佛《克勞力塔羅班》教導的特色。

　　流行的偉特塔羅大小牌78張，如何應用在生活四大層面─物質、情感、思考、行動，透過創造豐富冥想的引領，是周妍榛老師《偉特塔羅＋創造豐盛冥想》課程的魅力。

體驗古埃及神圖塔羅魅力

盡在白中道博士教導

　　「古埃及人崇敬神，認為神無所不在。人們生活在一個虔誠的時代裡，到處可以聞聽到來自四面八方神明的呼喚。人們把他們的讚頌、憧憬、畏懼、哀怨寄寓於他們所膜拜的神，神永遠與人同在，在天界、冥間、人世間交織出許許多多繪聲繪色、動人心弦的故事。」摘錄自好讀出版、黃晨淳編著的「埃及神話故事」序文。

　　「人類文明每隔12,500年至13,000年左右，會有一個大文明降落在地球，當春分點時的日出地平線與宇宙光子帶呈30度以內的小角度時，就是未來寶瓶時代大文明的開始，而在這新時代曙光來臨時，屬於西元前10,500年的獅子時代的獅身人面像文明之奧密，也將大白於市。在古埃及文明將要發揚光大之時刻，上天已揀選了帶有天命任務者在此時代播下智慧的種籽。」（摘錄自生命潛能出版—古埃及神圖塔羅牌星象家王中和推薦序）

　　白中道老師的星圖—冥王獅子三合火星牡羊，以開路先鋒的原創行動力，將古埃及獅身人面像文明之奧秘，以考古的精神挖掘出來與世人共享。珍妮佛深感幸福，有機緣比各位早一步研修《古埃及神圖塔羅牌》，探索古埃及文明與塔羅間的心靈權衡奧義。

親愛的，如果你是那個對古埃及文明有興趣的老靈魂，或聽聞哈佛大學東方古文明博士白中道老師（美國人卻會說一口道地國語、幽默慧詰）的塔羅禪師教導風格有夠讚，歡迎來參加白中道老師把塔羅源頭與古埃及文明連結的《古埃及神圖塔羅課程》初階課程，及神秘學中以精奧口語相傳的卡巴拉教導的進階課程。

A.《古埃及神圖塔羅課程》初階課程內容	B.《古埃及神圖塔羅課程》進階課程內容	C.《古埃及神圖塔羅占卜棋盤研習營》
1) 直探塔羅牌的歷史與淵源、教你玩古埃及神圖板 2) 讓你親自彩繪傳統塔羅牌，帶領你找出偉特等塔羅牌面裡隱藏的古埃及文明線索 3) 22張塔羅大牌的意涵、人物原型、事件徵象 4) 16張宮廷牌的意涵、人物角色、事件徵象 5) 40張小牌的生命歷程、事件取向 6) 各式塔羅牌陣演練與解牌	1) 從卡巴拉生命樹看古埃及神圖塔羅牌 2) 從古文明經典奧義探古埃及神圖塔羅牌 a) 聖經奧義解讀：創世紀、出埃及記 b) 綠石碑文解讀 c) 形成經解讀 3) 教你學會「安哈特心靈功法」來打通身體脈輪，激發你與宇宙意識的直觀連結	以實際牌陣教你演練以古埃及神圖塔羅占卜棋盤問愛情・事業・天命・障礙・財富等各式人生大哉問或生活特定事件，教你真正會玩古埃及神圖塔羅牌。
開課日期：春、夏、秋、冬各一班	開課日期：進階班上完的次月開課	機動開班，適已上過初階課程者
課程費用：NT$12,000	課程費用：NT$6000	課程費用：NT$6000

白中道老師簡介：

哈佛大學學士畢業、台灣大學修中國文學碩士，曾與南懷瑾老師修禪、道、密教及易經、太極拳等，並在台灣開創及傳遞超覺靜坐，1976年以易經論文完成哈佛大學東方語言與文明學之博士學位，1970～80年代在哈佛大學，克拉克大學、與瑪赫西大學授課。個人的著作有：物理禪（觀察物理學）、易經（己易）論、卡巴拉生命樹。三十幾年的心靈成長授課經驗，目前教授的課程有：古埃及神圖塔羅牌、生命能量呼吸法、卡巴拉生命樹、AVATAR阿梵達、易經、超覺靜坐等。

【教學特色】：採小班制8～12人精緻教學。

【上課地點】：台北市珍妮佛學苑教室

【歡迎洽詢】：

　　對白中道老師教導的《古埃及神圖塔羅課程》有興趣者，來信cwc.jkwang@msa.hinet.net註明：《古埃及神圖塔羅課程》

【購書服務】：

　　由生命潛能出版【古埃及神圖塔羅牌】書（書+塔羅牌+占卜棋盤NT$780），全省各大書局及珍妮佛學苑皆有售，也可郵政劃撥購書：戶名【生命潛能文化事業有限公司】劃撥帳號：17073315電話：02-23783399

易經與塔羅牌的共同源頭

白中道博士

　　我研究易經已經有三十幾年而深入塔羅牌已經有十幾年，愈進去西方文化的塔羅境界愈覺得它與中國的易經有很多相似的地方，因此開始從學術角度注意是否有具體線索，到目前已經發現許多重點，現在可以簡單的跟大家分享，或許會鼓勵比較專業的學友提供更詳細的資料。有三個主要的論點：

1) 易經與塔羅牌的共同源由很可能是古埃及。
2) 易經與塔羅牌的一些基本觀念與術語很可能起源於古埃及。
3) 易經與塔羅牌的占卜方式同樣使用隨機選擇的古埃及做法。

易經與塔羅牌共同源由很可能是古埃及說法

　　有人說塔羅牌是歐洲中古時代的封建社會的產品，而最早的紙牌確實出現於那個時代，不過有傳說塔羅源由於猶太人的卡巴拉，也有人說它是古埃及人的發明。我的研究結果是這兩個傳說都是對的，塔羅牌最早的開始是埃及人的神圖遊戲，後來那遊戲變成占卜的方法，埃及人把最高的人生哲學放在那占卜遊戲

裡，其核心為心靈權衡的審判場面，目的是要鼓勵大家在做人方面能變得比較真誠，後來流傳到中東的腓尼基人與猶太人而變成神秘卡巴拉傳統，土耳其帝國時它流入歐洲而變成現代流行的塔羅牌。〔參考卡普蘭的塔羅百科全書與本作者的古埃及神圖塔羅牌。〕

中國對易經的傳說認為它的基本符號最早是伏羲〔或包羲〕發明的，然而伏羲並不是中國人，他到底是哪國人都說不清楚，中國最早出土的易經大概是周朝晚年或秦代，已經是古埃及文化的日落時期。本人認為包羲是埃及的巴巴神、太極是權衡心靈儀式所使用的天秤中間的Tekhi球形鉛垂，八卦則是超時空教宗圖特神在克門巫〔Khemenu〕聖地所創出的八個蛇與青蛙原始神〔埃及文蛙是Kar〕，埃及的通俗度量單位使用二元數學、神廟的工程平常採取二元建築方式：例如廟堂有2、4、8、16、32、64柱子，盧克索大廟有這樣的設計，然後最外面的庭院剛好有78跟柱子，與塔羅牌的總數一樣。

卦象的符號無疑是中國人發展的，不過埃及的原始八神克門巫聖地的埃及文寫法很接近這些卦的圖案：☰☷。古埃及文的烏龜〔sheta〕代表最秘密的資訊，而中國傳說是伏羲發現了易卦在烏龜的身上。

易經與塔羅牌的共同使用隨機選擇過程占卜方式，讓它們變成在當下中照鏡子的風味，這是古埃及文化的特質，而且方法不需要任何其他資料，除了紙牌或棋盤外只要詢問者與問題，設備不離開隨機抽選原型，而原型可以是數字、符號、紙牌、籤詩、

等。解釋牌陣不外於使用直覺觀察詢問者、問題、與所抽取的原型。這些原型是一套傳統的畫面和數字，從來不改變，現在所流行的各種非傳統的塔羅牌可以說是塔羅的旁通，配合占卜師的個人興趣與環境能量均可以施用，古埃及人雖然非常保守也有適應地方與時代的不同風味，其實中國的易經雖然多半用傳統爻象多，也有籤詩、太玄、等玩法。

埃及人與其他西方文化也把塔羅牽連到天文、星座與占星學，中國人一樣創出納甲、爻辰、五宮、二十八宿、紫微斗數、鬼谷子等玩法與易卦連接，易經與塔羅專家也同樣有研究煉金術、內功、與密宗的興趣。在古埃及的金字塔經文中我們可以看到世界上目前所知道的最早的經典，此資料充滿原始塔羅、易經、占星學、煉金術、內功、密宗，簡直是古人對宇宙身心靈科學研究的寶庫。

最近有些台灣的學者開始討論關於中國、台灣、與古埃及文化的關係，有人還說中文〔特別是台語與閩南語〕很受古埃及文的影響，到底真相如何尚未決定，因此本人目前特別在研究古埃及的最原始檔案資料，而正在忙著把金字塔寶庫的經典整理出來翻成中英文給大家參考，希望能早日提供分享。

Antoinette Moltzan

Author/Channel for A Course in Light

I must say, my trip to the Orient was filled with joy and laughter. My first stop was in Bejing hosted by Tiffany & John. It could not have been a better experience. They are devoted to the light and Tiffany has shared A Course in Light with many of her friends and acquaintances. So Tiffany set up a meeting for parents interested in raising children in this New Age.

Toni: I am sure that you all know that Tiffany invited me here because of A Course in Light and that is the soul reason that I exist. It is my life purpose to bring the work of the light to everyone that is open to it. I didn't know that that is why I came into this world. I thought I was here to be a mom and a secretary. I was very good at being a mom but I would have fired myself as a secretary.

Everyone I know that does the light work has some extraordinary experiences in their life. Most everyone begins the light work because they need to heal. Most everyone I know reaches a time in their life when the want to find answers to help themselves in becoming better. Most all of us begin our spiritual journey when we have had a lot of physical pain or emotional pain. Often questioning "why am I here? "

What I have discovered is there is a reason why you are here. Every one of you has a reason why you are in this world. Most of us think we are in the world to get things, but really what we are here for is to find love. We don't always know how to do that because we haven't learned how to love our self. The hardest thing we have to do is love that which we are. We come in thinking we are not good enough. We are born with as lot of memories, maybe from other lives. We have a new baby in our group. Her mother says she cries a lot. Have nightmares. Even in that begin stage something inside makes you feel lost or empty.

So it is important to touch the baby. You know how good you feel when someone messages you ? That young baby needs that touch too. I did not know that when I had my children. When they are crying, you feel frustrated; you don't know what to do. It seems like you are all out of control and we know now that energy is a part of all of us. That beautiful new baby is a soul of light, now that baby is feeling all that energy around it and it is not familiar. So the physical part begins to have unusual reactions. And in the beginning stages the baby is really able to feel the light, which will affect the child throughout their whole life.

So the good news is, all of us are light. It is never too late to recognize how to use the light. It is never too late, to realize you are more than just a body. Your Mind is a part of you that is not just in the body. Your brain is not your Mind, it is your computer. So in our high tech world we can understand that our brain runs like a computer. You know if there is an old program in the computer, the computer doesn't work right. You know how we have to update the programs in our computer ? Well we have to upgrade the programs in our brain.

So A Course in Light is connecting your brain to your Mind. The Mind is the Light. Mind is the spirit. Mind is the Source, the Creator. Mind is what is creating our consciousness. But our brain has also created consciousness. When our brain has been programmed that you have to live in fear, the brain almost always relates to something to be in fear . We are born with as lot of memories, maybe from other lives. We have a new baby in our group. Her mother says she cries a lot and has nightmares. Even in this beginning stage of life something inside can make a baby feel lost or empty.

It is important to touch the baby. You know how good you feel when someone massages you ? The young baby needs that touch too.

This beautiful new baby is a soul of light, and this baby is feeling all the energy around her and it is not familiar. So the physical part begins to have unusual reactions. In the beginning stages the baby is really able to feel the light, which will affect the child throughout their whole life.

Tiffany: Do you have any message for new age parents. My son is difficult. Strong willed, wants to talk to me even though the maid said I was engaged in something. This seems very erratic.

Toni: Well as we are talking about the brain, your son has messages in his brain about not getting enough attention or he is not being important enough or he doesn't have enough sense about making his own decisions yet.

Here is an opportunity for us to look at. As new age parents, we think, our child needs to be accepted, our child needs to feel that they are loved at all costs, but they also need to be taught that they can trust in their own life and that they can make good decisions. The most important thing we are here for is to teach or help our children to make good decisions.

I think of Kahil Gabran, who wrote The Prophet, and he states: "your children are not your children they are the children of the universe." You cannot give them your thoughts, they have their own thoughts. It is a wonderful message that you may want to read. Bringing up children is a most incredibable opportunity of life.

So we are thinking about the brain, which is the computer. All children have their own computer and what you want to help them with is to put in good programs for their computer. The program is:

You are loved.

You are loving.

You are love.

The brain is most receptive when it is not busy thinking about many other things. So a child could be receptive to their personal healing when they are sleeping. Children can be receptive when you are sending them thoughts through meditation. Maybe your child is having problems with someone in school or maybe they don't like going to school. Maybe something is happening in school and they don't want to go. What do you do about that?

So often when they go to sleep, you can focus on them. Start with the Radiant White Light and you see them letting go about their worries and anxieties about themselves. Visualize that the energy of them, is working to clear themselves from what they are facing in school.

The brain is very receptive to everything and with that understanding you realize your child is exposed every day to so much stimuli. So you cannot stop them from having all this information coming at them which is worrisome. They are going to have their likes and they are going to have their dislikes. At some point they are going to be very rebellious for some things they just do not like. You cannot change what they like or what they do like, but you can reaffirm that they are a good person; they are a good son or a good daughter.

It is good to ask why you don't like this. They may have a real reason why they do not like something. You have to allow them to give you feedback about what they like and what they don't like and why they are having these reactions.

Massage is a really good way to give touch for healing. Do any of you have children that are real hyper? You do. Do any of you have children that are called ADD attention deficit disorder ? Do you. Will they sit still long enough for you to work on their head ?

Mothers answer: "When they are asleep." Well this is the opportunity to visualize what is going on with them in their head. You can actually visualize their brain and where they are having disruption and where the light is going through their brain to clear out any kind of negativity in their thoughts. Let go of making it their fault or blaming them for their anger.

Do you remember how it felt as a child when you were punished or blamed ? Do you remember how it felt when you were told you couldn't do something or it wasn't right or when they would say what's wrong with you ? Remember how upset it would be when your parents wouldn't understand you. You're your children are just like you, they have the same things going on. They have a lot more going on then even you. Their world is filled with so information every day they are suppose to learn and take in, it is very hard.

The truth is your child is still a soul that has light. The vibration of the energy and light can affect your child for healing.

A Course in Light is given to assist you in helping yourself heal. It helps if you bring everyone in your family into your meditations and that assists them in their healing.

The problem is that everyone wants it to be very fast. You want to see a demonstration very fast.

Example: some one may say, I meditated on this experience last night and I didn't see any change this morning.

Well, whatever made the situation did not happen over night. So keep using the energy and the light, knowing that the situation will get better. It is also important to Let go of the problem and see it being resolved.

Q: How do we do that ? I see the conflicts or possibilities in conflicts between children and in their growth sometimes we need to discipline them. And than you say we have to let go, how ?

Toni: It is real important in the beginning that they get confirmation or praise for the good jobs they do, whatever it is.

Q: What if you have a child that never does anything?

A: They need to have a reason why they need to do their chores. There has to be discipline or consequences when they do not follow directions.

The parent teaches responsibility very early. They will learn the lessons they need to learn in their own way. In working with energy and light you understand the child is very important in your life. This child is in your life and you are their guide.

I use to say things to my children like: You create your own reality. I am not responsible for your consequences. Sometimes children need to make mistakes in order to understand what happens in that experience.

So basically what is A Course in Light ? It is a path that brings you the insight to work with light and energy in every aspect.

安東尼‧莫珍

光的課程傳遞者／作者

　　我必須說，我的東方之旅充滿了快樂和歡笑。我第一個駐留的地方是北京，由蒂芬妮和約翰主辦。沒有比這次更好的經驗了。他們事奉光的工作，而蒂芬妮已經跟很多朋友和熟人分享光的課程，因此她約定了一次聚會，邀請對於在這新時代的兒童教養議題有興趣的父母來參加。

　　Toni：我確信你們都知道，是因為光的課程的關係，蒂芬妮邀請我到這兒來，而這也是我存在的靈魂層面的原因。我此生的目的即是，將光的工作帶給每一位向光打開的人。過去，我並不知道我來到這個世上的原因是什麼，我認為我來這裡的目的，是要成為一位母親和一位秘書。我非常擅長扮演母親的角色，不過，作為一個秘書的話，我會炒我自己魷魚。

　　每一個我所認識的從事光的工作的人，他們的生活當中，都有一些特別的經驗。多數人是因為他們需要治癒，而開始了光的工作。我認識的大多數人，他們的生命都到了一個想尋求使自己變得更好的解答的階段。而大部分的人，都是在我們有許多身體的或情感的痛苦的時刻，才展開了我們靈性的旅程。我們常常問到：「我為什麼會在這兒？」

　　我發現，你會在這裡是有原因的。每一個人來到這個世界

上都有一個原因。多數人認為，我們來到這個世界是來獲取東西的，但實際上，我們來到這裡是為了發現愛。因為我們還沒學會如何愛我們的自我，所以總是不知道該怎麼做。我們必須做的最困難的事，就是去愛我們本來的樣子。我們常認為自己不夠好。我們也許帶著許多來自累生累世的記憶出生。在我們的團體當中有一位新生兒。她的母親說她經常哭，做惡夢。即使在那生命剛開始的階段，你內在裡的某些東西都能使你感覺到迷失或空虛。因此，撫觸嬰兒是很重要的。你知道，當有人幫你按摩的時候，感覺有多好呢？那個新生兒也需要這樣的撫觸。以前當我有自己的孩子時，並不知道這一點。當他們哭的時候，你感覺很挫敗；不曉得該怎麼辦。好像你完全失去了控制一般，但現在我們知道那能量是我們所有人的一部分。那美麗的新生兒是一個光的靈魂，那嬰兒此刻正感受到環繞在四周的能量，而這股能量對她而言是陌生的，因此，身體層面開始有不尋常的回應。在初生的階段，嬰兒真的可以感受到光，而這孩子終其一生都將受到這個光的影響。

好消息是，我們都是光。認知我們如何運用光永遠都不嫌遲。意識到你自己不僅只是一具軀體的事實，也永遠不會太遲。你的心不僅僅是在你身體裡的、屬於你的一部分。你的大腦不是你的心，它是你的電腦。在我們這高科技的世界裡，我們可以理解，我們的大腦就像一部電腦一樣地運轉。你知道在電腦裡，如果有一個舊程式的話，電腦就不能正常運作。你知道我們必須怎麼更新我們電腦裡的程式嗎？就是我們必須更新我們大腦裡的程式。

光的課程正是在連結你的腦和你的心。心即是光。心即是靈魂。心是根源，是創造者。心正創造著我們的意識，但我們的大腦也創造了意識。當我們的大腦已經設定你必須生活在恐懼中的程式時，大腦就幾乎一直和恐懼的事物相關。我們帶著許多累世的記憶來投生。我們的團體中有一位新生兒。她的母親說她經常哭，並且做惡夢。即使在生命才剛開始的這個階段，內在裡的某些東西都能使一個嬰兒感到迷失或空虛。

撫觸嬰兒是很重要的。你知道，當有人幫你按摩的時候，感覺有多好？那個新生兒也需要這樣的撫觸。

這個漂亮的新生兒是個光的靈魂，這嬰兒正感受著她周圍的能量，她對這股能量並不熟悉，因而身體層面開始有不尋常的回應。在初生的階段，嬰兒真的能感受到光，而這孩子終其一生都將受到這個光的影響。

蒂芬妮：你有要給新時代父母們的訊息嗎？我兒子很難搞。當他要跟我說話的時候，即使女佣告訴他我正在忙著別的事，他還是非常堅持他要做的。這似乎很怪異。

Toni：就如我們正在談論的大腦，在你兒子大腦裡的訊息是，他沒有得到足夠的關注，或他還不夠重要，或是他還沒有足夠的智慧做出自己的判斷。

這是讓我們得以觀察的一個機會。身為新時代的父母，我們認為，我們的孩子需要被接受，孩子們需要感受到，父母是不惜一切代價地愛著他們的，不過，他們也必須被教導，他們可以信任自己的生命，並做出好的判斷。我們在這裡最重要的事是，教

導或協助孩子們做出好的判斷。

我想起「先知」的作者卡里紀伯侖說：「你的孩子並不是你的，他們是宇宙的子女。」你無法給予他們你的思想，他們有他們自己的思想。這也許是你想讀到的一則美妙訊息。養育孩子是生命當中一個最值得讚嘆的機會。

我們正思索著的大腦，它就是電腦。所有孩子都有他們自己的電腦，你要協助他們的就是，在他們的電腦內安裝好的程式。這程式就是：

你被愛著。

你也正愛著。

你即是愛。

當大腦沒有忙著想東想西的時候，是最具接收性的。所以當孩子在睡夢中時，他可以很容易接收到對於他們個人的療癒。當你透過冥想將意念傳送給孩子時，他們是可以接收得到的。也許你的孩子在學校和某人有問題，或者也許他們不喜歡上學。或是學校裡發生了某些事，使他們不想去學校。關於那些事，你會怎麼辦？那麼就常常在他們入睡後，你可以把焦點放在他們身上。從燦爛的白色之光開始，看著他們把自身的煩惱和焦慮釋放。觀想他們的能量正在運作，以清理他們在學校所面對的一切。

大腦是善於接收每件事物的，瞭解到這一點，你就會知道，你的孩子每天都曝露在許多的刺激當中。所以，你無法阻擋所有這些讓人煩惱的訊息來到他們面前。他們將會有他們所喜歡的和討厭的事物。在某些點上，他們將會對他們不喜歡的事情非常的

叛逆。你無法改變他們所喜好的和討厭的事物，不過你可以再次肯定他們是個好人；他們是個好兒子或是好女兒。

問問看為什麼你不喜歡這樣也是個好方式。他們可能有不喜歡某些事物的真正原因。你必須允許他們給你，關於他們所喜歡的和討厭的事物的反應，以及他們為什麼會有這些反應的理由。

按摩真的是一個提供撫觸以達到療癒的好方法。你們當中有任何人的孩子是真正的過動兒嗎？你有。你們當中有人的孩子有所謂的注意力集中缺乏症嗎？你有嗎？他們會端正地坐著，以讓你在他們頭頂上運作一段時間嗎？

母親們回答：「當他們入睡時。」好囉，這正是一個觀想即將在他們的頭腦裡所進行的一切的機會。你可以實際上觀想他們的大腦，在混亂、分裂的地方，觀想光將穿透他們的大腦，以清除他們思想中任何的負面元素。釋放將它當成他們過錯的想法，或因他們的憤怒而對他們的責怪。

還記得當你小時候被處罰或被責怪的感覺嗎？還記得你被告知說，你不能做某些事，或那不對，或當他們說你怎麼回事的當時，你的感覺是什麼？想起當你的父母不瞭解你時，有多苦惱。你就是你的孩子，你的孩子就像你一樣，他們正經歷著同樣的事情。他們甚至要經歷比你更多的事情，他們的世界每天都充斥著這麼多他們被認為應當學習或吸收的訊息，那是相當困難的。

真相是你的孩子仍舊是個有光的靈魂。能量和光的振動能夠在治癒方面影響你的孩子。

光的課程為你提供自我療癒的協助。如果你把每個家人帶入

你的冥想中，也可以幫助他們的療癒。

問題就在於每個人都想要它速效。你們想要一個非常快速的證明。譬如：有人可能會說，我昨晚已有了冥想的經驗，但是今天早上我還沒看到任何變化。

嗯，不論做了什麼，情況不會經過一夜就發生。因此，只要持續運作這能量和光，並知道情況會愈來愈好。釋放問題，並且看著問題已被解決也是很重要的。

問題：我們怎樣做到？在和孩子的衝突中，我看到了矛盾和可能性，在他們的成長過程中，有時候我們必須管教他們。而你卻說我們必須放手，如何做到？

Toni：不管他們做什麼，在一開始的時候，只要他們做得好，就給予他們肯定或稱讚，這真的是非常重要的。

問題：如果你有個什麼都不做的孩子，該怎麼辦呢？

回答：他們需要有個他們必須做自己的雜務的理由。當他們不遵從指導的時候，必須要有紀律或應承擔的後果。做父母的要很早就開始教導責任。他們需要用他們自己的方式，學習他們該學的課題。在光能的運作中，你會明瞭孩子在你的生命中是非常重要的。這孩子在你的生命中，而你是他們的指導者。

我過去常跟我的孩子這麼說：你創造你自己的實相。我對你的結果不具任何責任。有時候，孩子們需要犯錯，以便從經驗當中了解發生了什麼事。

因此，光的課程到底是什麼呢？它是在每一個層面以光能運作，為你帶來洞見的一條道途。

光的世界

愛因斯坦：我將用此生探索光為何物？

　　光子，是如此普遍的存在於宇宙，存在我們的生活中。是那麼的平凡；又是生命不可或缺。想像沒有光子的世界是如何光景呢？愛因斯坦在發表相對論後，對光子「波粒二元學說」之論點爭議進行探索，為何偉大科學家仍會如此感嘆呢？我們只有順著大師腳步順藤摸瓜尋找方向囉！

　　光子，係指一種高速的能量流，同時以波動及粒子的形態存在的能量包。光子的波粒二元學說基礎係指，一說為光子係以波動方式行進，學者有格雷馬帝（Franceco M. Grimaldi）、麥思威爾（James C. Maxwell）；另一種說法是光子係以粒子方式行進，以牛頓（Isaac Newton）為首。而光子是宇宙中所有基本粒子—質子（Proton）、中子（Neutron）、微子等物質中—人類在生活中可直接感受的物質，「顯而易見」就成了各自支持者爭議之所在。

　　愛因斯坦在二十世紀初發表：「光是由不連續的量子所構成。並以多個實驗證明光是由有能量的」。光子決定我們的存在，陽光、空氣、水是生命賴以生存三要素。以光子波長角度，太陽光中的可見光（頻率在400 Mhz～750Mhz），紅、橙、黃、綠、藍、靛、紫等七虹彩外，頻率由低往高的是，紫外線、X射

線、珈瑪射線。反向則是紅外線、無線電射線等。太陽光主要以紫外光、可見光、紅外光等三種為多，物體溫度越高所發出的光越多，能量越強。太初之光，藉由不同的光子滋養萬物，繁衍萬物，賦予生命。

光子頻率越高、能量越大；波長越短、能量越高。所以光子的能量取決於色彩，而非亮度。在可見光部份，藍光頻率高，能量大；紅光頻率低，能量穩定。而紫色光所攜帶的能量幾乎是紅色光子的兩倍。至於不可見光能量——紫外線、X射線、珈瑪射線、紅外線、微波、無線電波——一直以來，時刻影響我們。

光子色彩與能量令我們的視覺感受，如紅色代表：熱情、激進，藍色代表：理性、忠誠。無庸置疑，色彩對我們有一定的心理效應，白色會感覺純淨、紅色會令人興奮、橙色會令人雀躍、黃色會令人專注、綠色會令人舒暢、藍色會令人冷靜、紫色則帶來神秘。當然色彩感覺因人而異，卻也對人們產生不同影響。

正因為光的色彩能量，光的知覺就成為非常重要的心理功能及心智活動。空間與時間、環境與情境、物理效果與情緒反應等因素。在不同人們生理及心理上產生差異與困難，均衡的能量令人神清氣爽，過與不及的能量令人失衡。

當科學進入我們的生活，讓我們用物理學角度認識光、瞭解光、進而運用光。光於季節改變及我們對顏色的使用上，由於其能量都影響著我們，如：同樣是夏日的綠蔭、冬天的陽光、盛夏之豔陽、嚴冬的冰雪。或是大熱天穿紅衣等等，光的感覺與應用，對於我們就會產生心理與生理上莫大的影響。所謂過與不

及，都是偏離生命正道。如果我們能針對個別自我、居家環境與光的課程修行，將色彩帶進生活，從而維持穩定而快意的人生，真是生命的福氣。

本文由光的共修弟兄Steve 撰文

光的課程

Michelle老師、家康老師、家齊老師帶領你
進入靈性修持

　　佛法說：「萬法唯心造」賽斯說：「你創造了你生活實相的總合」光的課程說：「能量跟隨思想，思想導引並放大能量。」

　　上占星高階課程的靈修占星學，韓良露老師說：「靈魂都知道我們此生應該做什麼？只是肉身的我們太過於忙碌追求外在的一切，而讓靈魂受到經常被干擾的混亂狀態，只有當我們懂得經由靜心、歸於中心、冥想、放空的安靜下來，才能調整心念的頻率到與靈魂的頻率接軌，得以成為一個較好的人，過著較清明的人生。」聽這段話時，珍妮佛想著：「這不就光的課程習修寫照嗎？」

　　帶領《光的課程》Michelle老師寫著：「《光的課程》是一個靜心冥想的系列課程，其中包含了許多訊息，這些訊息完全是幫助人類了解、提升與轉化自己而傳遞的。本課程藉由一個信念：「思想導引能量，能量跟隨思想。」學習加強思想的能量，從而延伸，創造夢想成真。當習修者有意識的配合光的能量運用它時，便能獲得身心的轉化。隨著每星期在光中的運作，以及持之以恆的靜坐之後，你會發現自己

內在的改變。這一系列的光能引導，能讓習修者觀察自己與環境的互動，深刻的認知到造成混亂或不安的真正原因，進而調整自己的信念與思想，擴展自己的經驗層次，激發生活的創意，協助我們在意識上和諧平衡的整合，創造一個更開放、更自在的心靈空間，進而可以自由的表達愛、光明與喜悅，並為地球、國家與社區服務。

家齊老師分享：「光的課程並不是教你沉醉在冥想時的美好想像，而是著重在日常生活中覺察與落實，允許我們在習修時所呈現的各種負面狀態，它不會以戒律來評量優劣、也不是用教條來說服你去信仰什麼。如果你曾遊走於各派學說或宗教，卻仍不能找到「回家的路」，或者你懶得研究深奧的哲理，那麼《光的課程》便是你可以跨足的途徑。」

《光的課程》中文版譯者杜恆芬老師序文寫著：

《光的課程》是一個靜心冥想的系列課程，其中包含了許多訊息，這些訊息全是為了幫助人類了解、提升與轉化自己而傳遞的。當你有意識地配合光的能量運用它時，便能獲得身心的轉化。隨著每星期在光中的運作，以持之以恒的靜坐之後，你會發現自己內在的改變，你更會發現自己的心靈受到觸動。經過一段時間的學習與實踐之後，許多人已成為光的實踐者，並且成為這一途徑的教師。

　　課程中所運作的光，不是指那象徵著明心見性的光，它指的是那形成我們靈魂存在的、具有實體的、實質存在的光。具體的說，我們就是光。愛因斯坦在解釋E=MC2時，便說明了當光的頻率降低到一定程度時便會形成物質體。更玄秘的是，環繞在我們物質體周圍的光環是一種由智能所形成的磁力磁場。

　　親愛的，珍妮佛說：「想讓自己在紅塵俗世中，活出物質與精神的整合，讓和諧的身心靈創造出豐盛的生命、圓滿的人生，來參加《光的課程》吧！」

珍妮佛學苑已開班別

Michelle老師帶領	祝家康老師帶領	祝家齊老師帶領
第二級次 週六晚07:00～10:00	第一級次 週二早09:50～11:50 週二晚07:00～09:30	第一級次 週四午：14:30～16:30 週四晚：07:00～09:30

註：其它陸續開班班別，詳情至http:\\www .cwc168.idv.tw查閱。

共修人數：12人以下

上課地點：珍妮佛學苑教室

共修費用：第一級次NT$4,800（12堂課）

【歡迎洽詢】：來信：cwc.jkwang@msa.hinet.net主旨註明：《光的課程》

【新開班別】：請查閱http://www.cwc168.idv.tw《光的課程》。

《歐林開啟光體》課程簡介

若問光體是什麼？

Orin&Daben說：

「對於光體的開啟而言，那是聽見且回應內在的呼喚，並預備好踏上一段美妙的靈性成長旅程。Orin和DaBen明白你對堅持你的靈性道途、世界服務以及成為光之源的承諾。如果你要求，並開放去接受，Orin和DaBen將會傳送特別的能量給你，並幫助你開啟光體。當你調和振動能量體並在光體中心開啟時綻放光芒，從高次元看，你將更為清晰可見。Orin和DaBen告訴我們，當學習這門課程時，他們將為你維持一個額外的光的焦點來協助你的學習。你將是把這知識和光，以更大的方式，帶到這個世界的人，當你散發更大的光時，會對全人類做出貢獻。」

若問為什麼要開啟光體？

Orin和DaBen說：「當你的光體開啟，你將從內在發出一個高的振動頻率的調子，它將改變你的生活並對周圍的世界產生正面的影響。當你能夠散發更多的光，你將吸引機會，為這個世界帶來改變。當你的光體逐漸開啟，你對自己靈性成長、開悟與更大的世界服務的道路會更有覺知。」

　　開啟光體幫助你清楚自己到這個世界來做什麼，它揭開那層薄紗讓你能夠更明白自己的人生目的，知道自己是誰。如果你正在教學或和別人一起工作，你可以利用它來幫助你的工作產生更深遠的影響力，同時讓你能吸引更多的客戶和學生。開啟光體能在你的個人關係上創造巨大的變化。當你的能量變得更高、更美麗、更閃耀，在你周圍的人開始以更高、更有愛心的方式回應你，甚至不需要你試圖改變他們。你的心將開放，而你會了解什麼叫做如同大我的愛。如果孩子出現在你周圍，這些能量將幫助他們獲得更大的平靜與專注。

　　當你的能量協調，你會更容易選擇活在更高的能量流中。在這能量中，你能在最適當的時間，出現在最適當的地方，並且發現事情輕鬆愉快地發生。當你協調你的能量體，你能夠自然吸引對你更大的好處，而發現許多事在你需要它們的時候自然來到。你將被挑戰的是允許自己感受多大的美好和接納多大的豐盛。

帶領歐林開啟光體的周妍榛老師分享：

　　由來自宇宙的高靈，歐林和達本所傳下來的訊息，充滿了靈性的智慧及生命的真理，賽斯說：「你創造你的實相」；歐林乃教導創造實相所運用的技巧；二者相輔成，為新時代的我們實踐人生的使命。

　　在人生最灰暗的時候接觸了歐林，那時面對婚姻的背叛及財務的窘困，最後以離婚收場，帶著二個孩子，背負債

務，又面臨雙親的不諒解，感覺幾乎生命走到盡頭時，這時歐林召喚了我，在每一次靜坐與冥想中，都感受到祂無條件的愛，經由半年課程的洗禮，生命得以脫胎換骨的重生，伴隨著身體的能量提升後，長年苦不堪言的鼻竇炎竟然不藥而癒，職場的工作也愈來愈順利，人際關係也更加擴展了，雙親也再度展開雙臂歡迎我回家，一切來得那麼輕鬆容易，想要的似乎自然的就到眼前。

正如歐林的訊息：『開啟光體能在你的個人關係上創造巨大的變化。當你的能量變得更高、更美麗、更閃耀，在你周圍的人開始以更高、更有愛心的方式回應你，你的心將開放，而你會了解什麼叫做如同「大我的愛」』。

另外，我的潛能被開啟了，歐林的功法讓我在侷限的空間裡創造出無限的豐盛，確切的走在靈魂使命的道途上，宇宙是善意的，所給的永遠都是最好的。現在的我反而感激前夫，若不是他所帶來的婚姻功課，我將永遠活在世俗柴米油鹽的綑綁裡，為了生活只能做些自己不那喜歡的工作，現在的我更有自信，擁有一個更棒的新家庭，在伴侶的尊重與支持下，讓我有更多的時間去服務更多的人們，讓愛流動在生活裡。

光體課程內容

初階課程	中階課程	高階課程
建立你的能量基礎，啓動低層三個能量中心，轉化次人格體、回溯內在小孩、去除舊有的信念架構、釋放負面情緒以及造訪靈性導師殿堂。	啓動心輪以及高層能量中心，開發直覺力、洞察力、寬恕的真義、回歸人生使命道途、發散無條件的愛的頻率。	開發三個光體，走在人生使命的道途上、以能量來看待所有的人、事、物，更加的擴展能量場，連結內在靈魂、進入大師的殿堂。
光體初階課程：共八堂	光體中階課程：共八堂	光體高階課程：共八堂

　　經由能量導引人周妍榛老師教導達本的功法，啟動七個能中心和三個光體，再配合歐林冥想，探索生命的本質與此生的使命。

1) 你可以學會去認出你下意識所選擇的能量，你有能力治療在任何時候你所注意到的負面能量，幫助人們開展，增加你周圍正向的能量，並且改變你個人人際關係的本質。

2) 你可以發展智慧、釋放痛苦以及戰勝負面能量，當你開始感知並理解這些宇宙精細微妙又看不見的能量時，你將會發展出辨識讓哪些能量成為你的部分，而讓哪些離開的技巧。

3) 你可以藉由開發光體的過程中，覺察到隱藏在細胞記憶中的負面能量，深邃的情緒累積源頭、靈魂累世而來的業力，這些都可用光體的能量來轉化，來自歐林和達本的宇宙精細能量穿越身體的各個能量中心，提昇並擴展我的所

是，使身心靈由淨化而完成進化，讓我們隨時都活在靈性的光和愛中，即使生命陷落的一刻，仍能看見宇宙為一的無條件大愛的本質。

周妍榛老師簡介：

研習歐林、達本靈修系統，完成開發光體初中高階課程、開發光體教師課程。（教師級）、美國歐林中心研討會、歐林燦爛頻率課程、自我放光課程、H神聖意志1～2階課程、H歐林書籍：創造金錢、喜悅之道、靈魂之愛、靈性成長、個人內在覺醒。

【上課地點】：台北市珍妮佛學苑教室【小班教學】：8～12人額滿為止
【開課日期】：請至詳珍妮佛學苑http://www.cwc168.idv.tw查閱
【上課時數】：3小時*8堂課*3期
【課程費用】：NT$30,000，可分六個月繳款。
【歡迎洽詢】：來信cwc.jkwang@msa.hinet.net主旨註明：《歐林開啟光體》

感謝財團法人精神健康基金會
「繪畫療癒」課程學員提供畫作
指導老師：李悅寧

秀卿－心象彩繪

虹汝－Mandala

虹汝－心象彩繪

淑珍－祝福

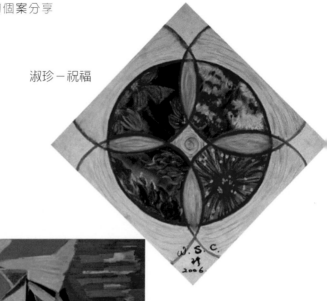

雪菁－心象彩繪

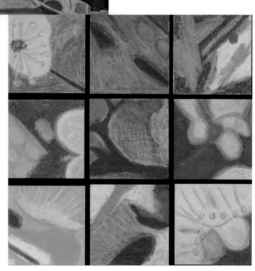

淑美－花語

李悅寧文

每一個投生在這個時空的人，
都有機會對自我做更深的探索，
並找到內在創造的泉源，
實現更完美的表達。

　　繪畫創作可以是一項進行自我探索、表達與紓解的途徑；
透過手、腦並用的動能釋放，讓心靈超脫出沉重的生活壓力與掛
慮；透過圖像的探索，讓意識與潛意識融合……利用不同的創作
方法與觀念，我們得以將生命經驗透過具體化的圖像來產生自我
轉換，成為內在自我與外在世界間的溝通管道，從中逐漸找回生
命的完滿與自足。

　　過去兩年多來，個人在財團法人精神健康基金會發起「心
靈彩繪」系列的成長課程，每週與學員們相約一個晚上到精健會
的教室塗鴉；夥伴中有各行各業的朋友，大家共同的情況是都沒
有經過專業的繪畫技法訓練，但有著一個想藉由繪畫這個途徑來
探訪真實的內在世界的想法。個人根據二十多年來從具象、心象
到抽象的繪畫創作與教學經驗，融合了靜心冥想與自我覺察的靈
修方法，讓夥伴們透過繪畫來做身、心、靈的整合與療癒。在課
程安排上，避開了繪畫技巧的牽絆與束縛，在放鬆與信任中進入

內在探索的旅程，並允許每位參與的夥伴直接進入圖像的表達世界，建立創作的信心。

在課程中，採取了許多有趣卻又充滿挑戰性的題材，來築構、解析「心靈」這個奇妙的世界，像是：尋找自我的圖像、直覺式繪圖、彩繪曼陀羅、夢的圖像與解析、情緒調色盤、色彩日記、拼拼貼貼、感恩圖卷製作等來超越自我並讓原創力向外延伸。學員們循序漸進的透過這些繪畫動能的舒展、圖像的敘述以及同儕間的支持力量，嘗試去與內在自我連結並和諧共存，將尋常生活中的情緒、挑戰轉化成對自我存在的肯定；而在這同時，大家的繪畫技巧在自信的表達之際也突飛猛進。

不過整個彩繪課程的精神，並不只是讓夥伴們親自建立起一項與藝術世界產生聯繫的方法，而更是要再其中尋求到一條照見內在自我與心靈療癒的管道。在創作過程，夥伴們體驗到藝術創作領域裡的「自得其樂」，繪畫創作不自覺的成為生活中的重要元素；接著左右腦也較平衡了，開始習慣全腦運作來對生命現象產生更完整的認知；同時直覺力敏銳了，創造力被喚醒了，使得每位參與者都能更精微的去覺察到生命的本質；身、心、靈一步步地回歸到初始的統整與平和，活出優質的生命也就在此當下了。

經由創造力你會找到自己的平衡點。當你未能完整地表達出你自己時便會產生偏頗的感覺，讓文字、讓音樂、讓藝術創作自由地流暢出來吧。靈魂必須表達它自己，不要壓抑這種需求，或把它隱藏起來。因為這些表達將為你帶來心識

的光明與覺知，使你了解自己的個性與內在的心識。

～摘錄自「光的課程」初階第一級次薄荷綠之光

當同是《光的課程》共修姐妹的珍妮佛邀約我到珍妮佛學苑開闢「心靈彩繪」系列課程時，我想，這機緣應是光的上師為我們開啟的另一扇窗吧！誠如珍妮佛所說，就讓每個充滿原創力的內在小孩，在專業藝術工作者的帶領下，表達出心靈深處豐沛的情感吧！

喚醒內在的藝術家（上）

心靈彩繪課程（一）

「曼陀羅－喚醒生命原創力」工作坊

心靈的半徑該有多大？

　　「曼陀羅」mandala－輪圓，是宇宙整體之象徵，也代表個體內在的小宇宙，這宇宙，至大無外、至小無內。

　　瑞士心理學家容格（C. G. Jung，1875－1971）引用老子道德經第二十一章「……惚兮恍兮，其中有象。恍兮惚兮，其中有物。窈兮冥兮，其中有精。其精甚真，其中有信……」作為個體化曼陀羅圖像的根源，指出這曼陀羅之輪圓即是「道」、即是萬物的「本源」，這本源雖是恍恍惚惚，不易捉摸，可是其中有形象、有實物、有一個非常真切的「本質」存在著。

　　容格也指出：個人所繪的曼陀羅，可以象徵我們內在的本質和性格的全部。Jung將曼陀羅的圖像聯想為「本我」及內在整體個性的核心，是一種將個人內在性格模式全部呈現的自然動能。

什麼是曼陀羅？

　　梵文Mandala 代表「輪圓」之意，延伸出宇宙整體之象徵，也是所有自然秩序之原型；小至生命初始之受精卵，大至天體運行之秩序，都有著相應關係的奧秘。

　　在傳統宗教上，以藏密之曼陀羅法教最具代表性，透過其形式嚴謹的圖像，修行者可以進入甚深禪定，與所表徵的諸佛世界合一。

　　至於個體化曼陀羅的呈現與表達，是一種對真實自我的直接探索，是與內在心靈整體的接觸，更是當下自我情緒的反映；透過曼陀羅的圖像，畫者可以洞悉自己不同層次之心靈狀況，也可以清晰的「看見」正在浮現的自我。

課程特色：透過曼陀羅－喚醒生命原創力

　　1. 進入曼陀羅的神秘世界

　　2. 發現曼陀羅的原型

　　3. 彩繪曼陀羅

　　4. 曼陀羅圖像詮釋

　　5. 曼陀羅與身心靈之整合

時間：96/3/24 週六 9：30～17：30

（後續的開課日期詳珍妮佛網頁 http://www.cwc168.idv.tw 公告）

地點：珍妮佛學苑教室

費用：3800元（含畫材）

人數：10人額滿

帶領老師：李悅寧

國立台灣師範大學美術系畢業

國立台灣師範大學美術研究所畢業

身、心、靈整合課程研修

擅長油彩及綜合媒材之創作

財團法人精神健康基金會「繪畫療癒」課程帶領老師

報名方式：cwc.jkwang@msa.hinet.net

主旨註明：《心靈彩繪課程一》

喚醒內在的藝術家（下）

心靈彩繪課程（二）

　　　　繪畫創作不只是一項與藝術世界產生聯繫的方法，更是一條照見內在自我與心靈療癒的管道。

　　甩脫掉繪畫技巧的牽絆與束縛，避免讓技術問題成為我們與繪畫之間的一堵高牆，利用不同的創作方法與觀念，將生命經驗透過圖像具體化來產生自我轉換，並讓繪畫活動成為內在自我與自然能量間的聯繫工具。

　　在每一次圖像創作的開始進行冥想，冥想是進入內在旅程的基本步驟，作為一種碰觸內在自我的覺察方式；爾後在創作圖像的過程中，更容易召喚出自我的本質，而在自我本質的覺察過程中，我們便會將安寧帶給我們的靈魂。

　　這個課程的設計是希望夥伴們能循著：

　　靜心 → 圖像創作 → 左、右腦平衡發展 → 發現個體的獨特性 → 肯定自我的價值 → 整合身、心、靈。

　　因此，我們試著透過繪畫動能的舒展、圖像的敘述以及同儕的支持力量，並且透過和自然的能量連結，讓內在的陰性、陽性勢能和諧共存，將傷痛、刺激轉化成對生命本質的肯定，達到身、心、靈的整合。

活動內容：

尋找自我的圖像－拾起畫筆

　　你想討好誰呢？為什麼你不能自得其樂？

　　就讓繪畫成為一種生活的方式、讓內在的藝術家活躍起來！透過繪畫來釋放自我的價值判斷，讓繪畫的行動成為一種內在本能的自然流露，如此，藝術創作對個人來說，就顯得有意義多了。

尋找自我的圖像－與自己的負面情緒相處

　　情緒的壓抑、心靈創痛的逃避都是一種對生命的忽視。

　　如果我不能接受構成了自己這個人的一切，不管是成功、失敗，以及一些普遍而難以預測的狀態，我又怎能以適當的方式去愛他人呢？

情緒調色盤－色彩日記

　　顏色是情緒黑箱的密碼，探討自我的顏色語彙，深入了解情緒自我，從中釋放壓力、情緒或創痛。

直覺式繪圖

　　以直覺感知自我與同伴的特質；身體是一個感測器，利用繪畫動能的喚醒，使之成為一個靈敏的表達工具；同時透過繪畫動能的釋放，讓壓抑的情緒與傷痛有一個抒發的窗口。

彩繪曼陀羅

創作圓輪圖像，這個圖像浮現的是當下的自我－那個在生活中，不可能完全有序、平衡且完美的自我，讓這自然流動的圖像能量，表達出我們當下的個人象徵，同時也撫慰傷痛、淨化了情緒，並引領我們通向心靈深處的秘密花園。

與自然能量連接

探視自然之美，回歸到視覺符號及繪畫元素之感知與表達，並與自然能量連結，從而接受此療癒的能量。

利用探視鏡的小觀景窗來解構自然事物外形的鉗制，中立畫者的情緒與生命經驗，回歸到純粹視覺的感知；打破我們慣性的認知，重新建立另一種美感意象；在純然而專注的繪畫活動中，與自然界美善的能量連結。

夢的圖像與解析

在捕捉夢的意象與嘗試解析的過程中，不但增加對自我的認知、更能激發我們的創造的潛能；而夢境的光怪陸離，或許是自我內在受到忽略而急需修復的部分、也或許是自我改變所需要的能量，值得我們用心去體會與探討。

超越自我、向外延伸－拼拼貼貼

圖像開啟我們覺察的能力，用遊戲的心情、歡樂的氣氛，開放而專注的與他人共同合作與創作，在接受與相互欣賞的過程

中，更能體認自我的富足感以及喚醒內在自我廣闊的慈悲心。

感恩圖卷

真正的療癒是對喜悅的接受以及對生命存在的感恩。

感恩圖卷像是個裝著祝福的容器，它喚醒我們體認新的事物、增加我們的富足感，同時讓我們體認到自己內在的豐饒與生命歷程的奧秘。

課程時間：每一階段十二堂課

開課日期：預定96年5～8月

詳情至珍妮佛個人網頁http://www.cwc168.idv.tw 點閱

費　　用：NT$8,400元（含材料）

帶領老師：李悅寧

國立台灣師範大學美術系畢業

國立台灣師範大學美術研究所畢業

身、心、靈整合課程研修

擅長油彩及綜合媒材之創作

財團法人精神健康基金會「繪畫療癒」課程帶領老師

報名方式：來信cwc.jkwang@msa.hinet.net

主旨註明：《心靈彩繪課程二》

蕭人輔老師《美夢成真工作坊》

文：蕭人輔

美夢成真，是所有人心底最深的渴望。

每個人都有屬於自己的美夢，可能是有關財富、親情、健康、愛情、事業、和諧、力量、平靜……，並且希望有一天，自己的美夢可以成真。不過，隨著歲月的增長，有人認為「夢醒是成長的開始」，因而變得不敢夢，甘願過一輩子平凡的生活；也有一些人，勇敢的讓自己去實踐夢想，試了各種方法，但卻屢屢挫敗；更有一些人，得到了財富、名位，卻失去了親情、健康……，而留下遺憾。

不敢夢的人，永遠得不到；敢夢而沒有方法的人，也得不到；美夢卻留下遺憾，代表那個夢是不完整的。如果你不敢夢想、或者不知道怎麼實現夢想，尋找對的方法，就是你現在所需要。如果你實現了夢想，卻留下遺憾，那你得重新審視自己的夢想。

美夢成真工作坊，運用Aura-Soma色彩的語言以及家族系統排列的智慧，提供你一個機會與環境，讓你瞭解人生的秘密、讓你敢於追求，也讓你沒有遺憾的去實踐嶄新人生。

如果你心裡有那麼一絲觸動，請放下腦中所有的想法，與我們一起來跨出美夢成真的第一步。

參加美夢成真工作坊，你可以：

　了解美夢成真的秘密

　對於內心所求，更清楚、更有力量

　排解個人所面臨之困境

　提昇心靈品質

　實現自己的夢想

　活出自己的本色

　享有平靜、快樂、豐富與愛的人生

美夢成真工作坊第一期開課日：96/3/7（週三）＆ 96/3/9（週五）

時間：晚上 7.00～10.00

地點：珍妮佛學苑教室

名額：8人額滿

費用：NT$1,800（原價NT$3,600優惠推廣期僅至96年4月底）

報名：cwc.jkwang@msa.hinet.net 主旨註明：《美夢成真工作坊》

後續開課日期：詳珍妮佛學苑http://www.cwc168.idv.tw 公告

《美夢成真工作坊》上課大綱

　1. 照見靈魂之鏡：選出你喜愛的Aura-Soma 靈性彩油4瓶

　2. 波曼德磁場淨化：以Aura-Soma 波曼德來淨化每一個學員
　　的磁場

　3. 祈願：學員各自許下願望

4. 願望之星的靜心：在願望中靜心冥想

5. 美夢成真的祕密：找出讓美夢成真的秘密

6. 美夢成真焦點工作—

以家族排列的方式來與解說學員的Aura-Soma選油，所蘊含的意義與想望是什麼？

以Aura-Soma的彩油語言來解說學員的夢想，及如何讓美夢成真

蕭人輔老師 & 美夢成真工作坊簡介：

政治大學心理研究所畢，取得Aura-Soma授證教師資格，把多年來在海寧格家族排列完成進階培訓課程，融入Aura-Soma光與愛的色彩語言中，讓參與《美夢成真工作坊》的學員透過Aura-Soma與家族系統排列，單純的做自己，為自己創造財富、親情、健康、愛情、事業、和諧、力量、平靜的美夢，讓美夢成真。

珍妮佛後記：

喜歡廣結善緣的珍妮佛，很高興與本為點頭之交的蕭人輔老師有了進一步的連結，同是Aura-Soma研習者的背景，又同是心靈諮詢助人工作者的角色，讓我們不需太多的熟悉即可展開合作，我們彼此相信，事奉生命偉大的主人—靈魂是彼此相同的願力，只不過兩人使用的工具不盡相同，珍妮佛善長的是占星、塔羅、Aura-Soma 的橫向整合；而蕭人輔專長的是海寧格家族排列與Aura-Soma 色彩語言的貫穿，兩人殊途同歸的以整

合性的專業療癒知識來事奉靈魂的選擇，也同樣走在心靈諮詢助人道途上。

　　心理有個洞嗎？夢想卡在現實裡嗎？歡迎你來參加蕭人輔老師帶領——結合家族排列與Aura-Soma 色彩療癒功能的美夢成真工作坊，幫助你進入創傷的坑洞，尋回創造夢想成真的動能。

國家圖書館出版品預行編目

迎向明天：珍妮佛心靈諮詢個案分享, (二), 占
星.塔羅.Aura-Soma / 珍妮佛著. -- 一版. -
- 臺北市：秀威資訊科技, 2007[民96]
　面；　公分. -- (哲學宗教類；PA0017)

ISBN 978-986-6909-36-8(平裝)

1. 占星術　2. 占卜

292.22　　　　　　　　　　　96001256

哲學宗教類　PA0017

迎向明天——珍妮佛心靈諮詢個案分享(二)
占星‧塔羅‧Aura-Soma

作　　　者 / 珍妮佛
發 行 人 / 宋政坤
執 行 編 輯 / 林世玲
圖 文 排 版 / 張慧雯
封 面 設 計 / 李孟瑾
數 位 轉 譯 / 徐真玉　沈裕閔
銷 售 發 行 / 林怡君
網 路 服 務 / 徐國晉
出 版 印 製 / 秀威資訊科技股份有限公司
　　　　　　台北市內湖區瑞光路583巷25號1樓
　　　　　　電話：02-2657-9211　　傳真：02-2657-9106
　　　　　　E-mail：service@showwe.com.tw
經 銷 商 / 紅螞蟻圖書有限公司
　　　　　　台北市內湖區舊宗路二段121巷28、32號4樓
　　　　　　電話：02-2795-3656　　傳真：02-2795-4100
　　　　　　http://www.e-redant.com

2007 年 1 月　BOD 一版
定價：280元

讀 者 回 函 卡

感謝您購買本書，為提升服務品質，煩請填寫以下問卷，收到您的寶貴意見後，我們會仔細收藏記錄並回贈紀念品，謝謝！

1. 您購買的書名：＿＿＿＿＿＿＿＿＿＿＿＿＿＿＿＿＿＿＿＿

2. 您從何得知本書的消息？

　　□網路書店　□部落格　□資料庫搜尋　□書訊　□電子報　□書店

　　□平面媒體　□ 朋友推薦　□網站推薦　□其他＿＿＿＿＿＿

3. 您對本書的評價：(請填代號　1.非常滿意 2.滿意 3.尚可 4.再改進)

　　封面設計＿＿　版面編排＿＿　內容＿＿　文/譯筆＿＿　價格＿＿

4. 讀完書後您覺得：

　　□很有收獲　□有收獲　□收獲不多　□沒收獲

5. 您會推薦本書給朋友嗎？

　　□會　□不會，為什麼？＿＿＿＿＿＿＿＿＿＿＿＿＿＿＿＿＿

6. 其他寶貴的意見：＿＿＿＿＿＿＿＿＿＿＿＿＿＿＿＿＿＿＿＿

＿＿＿＿＿＿＿＿＿＿＿＿＿＿＿＿＿＿＿＿＿＿＿＿＿＿＿＿＿＿

＿＿＿＿＿＿＿＿＿＿＿＿＿＿＿＿＿＿＿＿＿＿＿＿＿＿＿＿＿＿

＿＿＿＿＿＿＿＿＿＿＿＿＿＿＿＿＿＿＿＿＿＿＿＿＿＿＿＿＿＿

讀者基本資料

姓名：＿＿＿＿＿＿＿＿＿＿＿　年齡：＿＿＿＿　性別：□女 □男

聯絡電話：＿＿＿＿＿＿＿＿＿　E-mail：＿＿＿＿＿＿＿＿＿＿＿

地址：＿＿＿＿＿＿＿＿＿＿＿＿＿＿＿＿＿＿＿＿＿＿＿＿＿＿＿

學歷：□高中(含)以下　　□高中　　□專科學校　　□大學

　　　□研究所(含)以上 □其他＿＿＿＿＿＿＿＿

職業：□製造業 □金融業 □資訊業 □軍警 □傳播業 □自由業

　　　□服務業 □公務員 □教職　□學生 □其他＿＿＿＿＿＿

(請沿線對摺寄回,謝謝!)

秀威與 BOD

BOD（Books On Demand）是數位出版的大趨勢，秀威資訊率先運用 POD 數位印刷設備來生產書籍，並提供作者全程數位出版服務，致使書籍產銷零庫存，知識傳承不絕版，目前已開闢以下書系：

一、BOD　學術著作—專業論述的閱讀延伸
二、BOD　個人著作—分享生命的心路歷程
三、BOD　旅遊著作—個人深度旅遊文學創作
四、BOD　大陸學者—大陸專業學者學術出版
五、POD　獨家經銷—數位產製的代發行書籍

BOD 秀威網路書店：www.showwe.com.tw
政府出版品網路書店：www.govbooks.com.tw

　　永不絕版的故事・自己寫・永不休止的音符・自己唱